건국대통령 이승만의 7가지 선물

# 시간을 달리는 남자

건국대통령 이승만의 7가지 선물

# 시간을 달리는 남자


남정욱
윤서인
엮음

| 서문 |

# 이승만은 산타였다

**남정욱**

선물은 상대에게 바라는 것이 있을 때 준다. 부모들은 아이들이 말을 더 잘 들으라고 선물을 준다. 그냥 주면 멋있을 텐데 꼭 머리 쓰다듬으며 공부 열심히 해라 한 마디 덧붙인다. 공부하기 더 싫어진다. 나이 들어 받는 선물은 상대가 선물 가치 그 이상을 되돌려 받고 싶을 때다. 받으면서 대체 원하는 게 뭔지 따져볼 수밖에 없는 게 세상 이치다. 어쨌든 선물을 공짜로 주는 사람은 없다. 산타 할아버지는 착한 아이에게만 선물을 준다. 조건부, 대가성이다. 키다리 아저씨도 은근히 노리는 바가 있으니까 준다. 그런데 우리 역사에 안 그런 사람이 딱 한 명 있다. 두 팔을 벌려 받기에 버거울 정도로 너무나 푸짐한 선물을 우리 민족에게 안겨줬다. 그것도 공짜로. 바로 우남 이승만이다. 이 선물이 더욱 귀하고 귀한 이유는 받을 당시에는 뭘 받았는지, 그게 뭔지 몰랐다가 나중에 그 의미를 알게 된 게 대부분이기 때문이다. 겨우 말을 뗀 아이에게 대학 학비가 든 통장을 선물로 준 꼴이다. 그래서 우남은 선물을 주면서 암호처럼 알쏭달쏭한 말을 남겼다. "이것이 우리 민족을 오랫동안 잘 살 수 있게 해 줄 것이니…" 장담컨대 1953년의 이 말이 무엇을 뜻하는지 아는 사람은 당시 대한민국에 다섯 사람도 안 되었을 것이다(이것도 많이 잡은 것이다). 그 말은 한·미상호방위조약이다. 정말 놀랍고 국제적이며 미래지향적이고 거대한 선물이었다. 이것만 준 게 아니다. 그래서 이 책을 만들게 됐다. 그러니까 일종의 우남의 선물 리스트인 셈이다.

크게 일곱 개다. 먼저 자유주의와 자유민주주의 사상을 받았다. 그리고 자유주의 국가를 선물로 받았다. 귀한 건 알겠는데 좀 추상적으로 느껴지나? 당연히 실물도 받았다. 땅을 받았다. 대대로 땅에 한이 맺혔던 사람들이 처음으로 자기 땅을 갖게 되었다. 농민들에게 선물 값을 받기는 했는데 정말

껌 값이었다. 그래서 6·25 때 농촌이 흔들리지 않았다. 중학교부터 대학교까지 학교를 마구 세워주었다. 못 배운 한을 한꺼번에 쏟아냈다. 문화평론가 조우석은 이승만의 교육 혁명을 두고 이렇게 제목을 뽑았다. "잠자던 중세인을 스마트한 시민으로 바꿔놓다." 정말 그렇다. 1948년 나라가 건국될 당시의 사람들과 지금 대한민국에 살고 있는 사람들은 지력의 차원이 완전히 다른, 새로운 종이다. 그리고 그 일곱 개의 선물들이 모이고 얽혀 상호반응을 한 끝에 우리는 대륙문명의 하수인에서 해양문명의 선두주자가 되었다. 말로 하니까 재미없다. 글로 쓰니까 와 닿지도 않는다. 그림 두 장 보자.

서문에 그림 들어가는 건 처음 보실 거다. 뭐라고 하셔도 상관없다. 안 보여드리고는 도저히 못 견디겠다. 위 그림은 1948년 당시의 세계 지도다. 유럽이고 아시아고 죄 시커멓다. '전 세계 공산화 진행 정도'를 제목으로 붙일 수 있겠다. 대륙에 붙어있는 땅 중에는 정말 달랑 대한민국 하나 남아 있다. 공산주의는 세력이기도 했지만 유행이기도 했다, 유일하게 물들지 않았다. 저래도 되나 싶게 혼자 쓸쓸하게 녹색이다. 아래 그림은 그로부터 60년이 지난 2007년도의 세계 각 나라를 GDP에 따라 색칠한 것이다.

1948년 세계지도

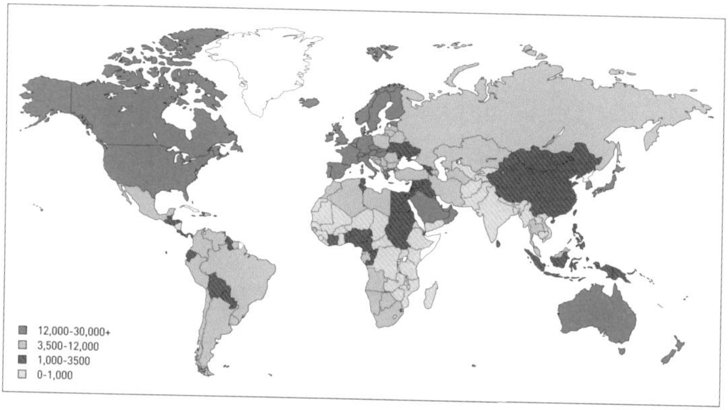


2007년 세계지도

녹색과 회색이 짙을 수록 소득이 높은 거고 옅을수록 낮고 못 사는 거다. 우리는 여전히 짙은 녹색으로 도드라진다.

공산화 물결에 휩쓸리지도 않고 빈곤으로 굴러 떨어지지도 않았다. 그러면서 여기까지 왔다. 이것은 miracle이 아니다. 이것은 magic이다. 유네스코에 세계문화유산으로 대한민국을 등재해야 하는 이유다. 이제껏 이런 나라는 없었고 앞으로도 없을 것이다. 우남의 일곱 가지 선물을 빼면 이 두 장의 지도를 설명하지 못한다. 두 장의 지도는 그 어떤 연관성도 가지고 있지 않기 때문이다

일곱 가지 선물을 잘 풀어서 설명을 단 사람들은 전작인 『이승만 깨기』에서 이미 높은 공력을 보여주신 분들이다. 공력도 진화한다. 그걸 글로 증명하셨다. 직함 존칭 빼고 권혁철, 김광동, 김용삼, 류석춘, 배진영, 조우석이다. 이 분들과 함께 공부할 수 있어서 영광이었다. 김학은, 복거일 선생님은 역시 없어서는 안 될 분들이었다, 두 분의 넓고 깊은 공부와 통찰이 부럽고 샘난다. 책 마감은 만화가 윤서인과 함께 했다. 재치와 재능은 같이 있기 어려운 법인데 예외가 있다는 사실을 보여주었다. 칭찬은 여기까지, 내용도 여기까지. 책을 보고 선물을 눈으로 직접 확인하시라. 제목인 『시간을 달리는 남자』는 인류의 근현대 문명사에서 아주 드물고 희귀하게 등장하는 '시간 여행자'에서 착안한 것이다. 가령 19세기 중엽

빅토리아 시대에 현대 컴퓨터에 가까운 소프트웨어 프로그램을 만든 에이다처럼 시간 여행에 가까운 도약을 한 사람들이다. 붙여놓고 보니 여러 가지 의미로 읽혀 더욱 마음에 든다. 선지자가 나고 자란 동네에서 대접 못 받는 것처럼 거인은 동시대의 사람들에게는 경의를 얻지 못한다. 그래서 현재 우남이 받는 대접을 안타까워할 필요가 전혀 없다. 우남에게는 시간이 필요하다. 아니 정확히는 우남이 아니라 우리에게 그리고 대한민국에게.

2016. 남정욱

## | 서화 | 산타 할아버지는 알고 계셨대

윤서인

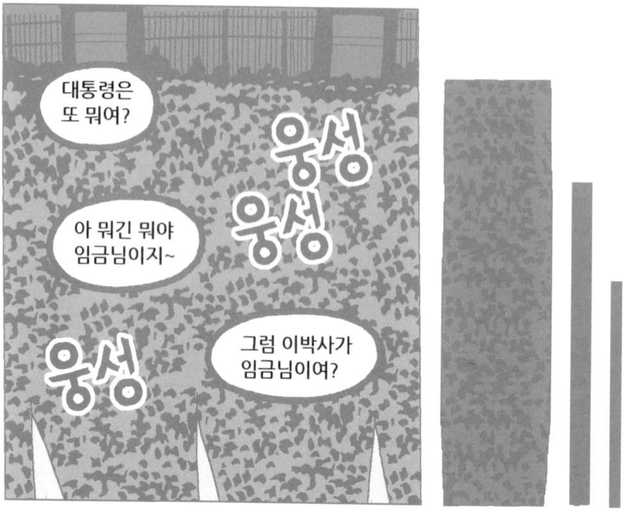
대통령은 또 뭐여?
웅성
웅성
아 뭐긴 뭐야 임금님이지~
웅성
그럼 이박사가 임금님이여?

우리가 외면했던 그남자 이야기
싼타할아버지는 알고계셨대
윤서인 짧은 만화
© 2016 cfe.org

대한민국 초대 대통령은 이승만...
자유민주주의를 채택했으며
70년 후 서울
자유민주주의란 인간의 존엄성을 바탕으로 하여
우현중학교
개인의 자유와
권리를 보장
보장..

요놈 보장!!
빡!
하품할 자유와 권리는요
자유민주주의를 논하는 데 지금 잠이 옴?
너무 지루해요
뭐!? 지루하다고?
당연하죠
자유민주주의 누가 몰라요
자유민주주의! 시장경제! 참정권! 헌법!! 이런 것들
대한민국 초딩 이상이라면 누구나 알고 있는 것 아닌가요.
다 아는 걸 배우니 지루할 수 밖에요
게다가 이승만은 나쁜 사람 아닌가요?
친일! 부정선거! 독재자!
나쁜 사람에 대해서 꼭 알아야 하나요?
그 그래 이승만은 나쁜 사람이구나...
네
자유민주주의는 누구나 알고 있는 것이고.
당연하죠
언제부터?

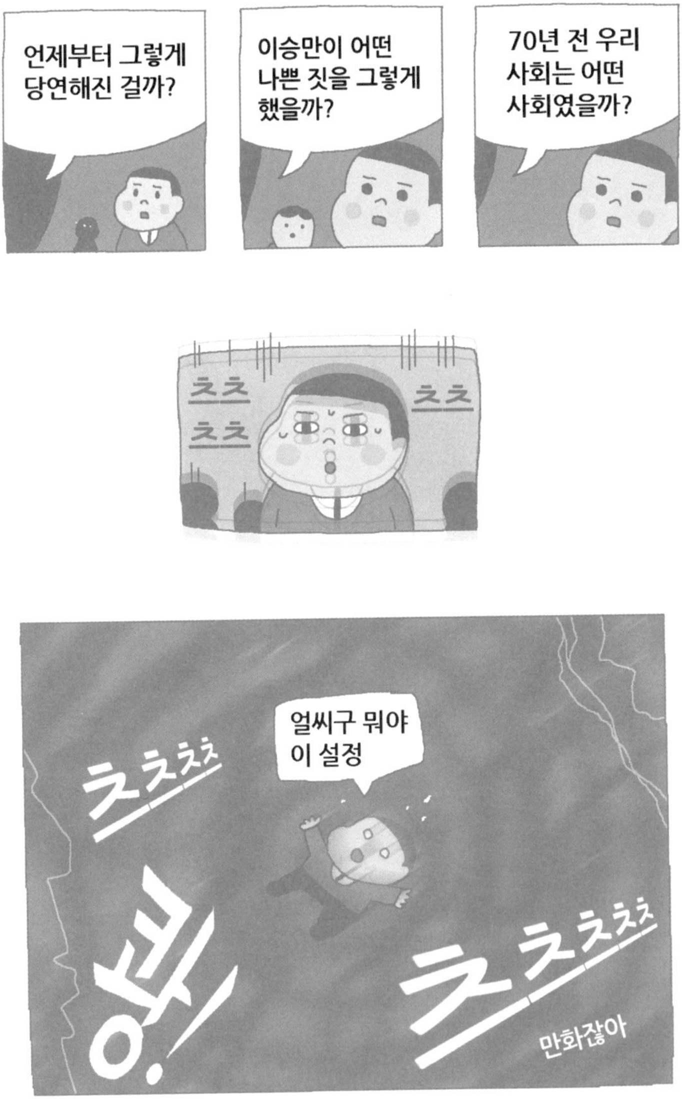
언제부터 그렇게
당연해진 걸까?
이승만이 어떤
나쁜 짓을 그렇게
했을까?
70년 전 우리
사회는 어떤
사회였을까?
ㅊㅊ
ㅊㅊ
ㅊㅊ
얼씨구 뭐야
이 설정
ㅊㅊㅊ
빵!
ㅊㅊㅊㅊ
만화잖아

와-
와-
사람들은 왜 저렇게 화가 나 있지?
웅성웅성
헐 여긴 어디임
웅성웅성
우리 남한 만이라도
헐 이승만이다!
미군정과 협력 하여
웅성웅성
국사책 보는 기분
남한만의 단독 정부를
그럼 나라를 반으로 쪼개자는 말이냐
말이 되는 소리여
저기요 이게 무슨 상황?
아 보면 몰러?
저그 영감탱이가 조국을 반으로 갈라서 우리끼리 나라를 세우자고 하잖여!

우리 민족이 통일을 해야 할 이 중요한 시기에
남쪽에만 떡하니 나라를 세워 버리면 어쩐당가!?
그럼 선생님 생각도?
아 당연히 북짝이랑 잘 협의를 해서 하나의 나라를 만들어 아재!
에이 아저씨 북쪽은 공산주의 잖아요
공산 주의가 뭐가 어때 서?
모든 사람들이 공평하게 잘 사는 공산주의로 통일되면 좋지!!
요즘 공산 주의가 대세인 것도 몰라?
아니에요 공산주의는 결국 다 망해요
뭔소 리여?
공부 많이 하신 선생님 들도 다 공산 주의 하자고 하시는데?
니가 뭔데?
웃기는 놈일세

저 저는 알고 있어요
공산주의가 망한다는 것을
???
아니 그걸 어찌 아냐고! 말을 혀보랑께!
왜 말을 못하는겨?
어떻게 아는겨?
모두가 잘사는데 왜 망혀?
제가 다 봤어요~
푸~
에라이~
별 미친X 다보겠네
저기 노망 난 영감이랑 똑같은 소릴 하고 앉았어
물러나라!
물러나라!
통일! 통일!
난 알고있다
난 알고있다
공산주의는 실패할 것이고
공산주의는 실패할 것이고

자유민주주의
시장경제가
흥할 것임을
자유민주주의
시장경제가
흥할 것임을
북한정권은
제대로 된
정권이 아니다
북한정권은
제대로 된
정권이 아니다
모두가
평등한 세상
따위는 없다
모두가
평등한 세상
따위는 없다
나는 알고 있다!!
와아
물러
나라!

지금 누구나
알고 있는
사실을
그분은 그때
알고 계셨던 것
같아요
70년 전
대한민국의
싼타 할아버지는
분명히 알고
계셨던 거다.
본인의 선택으로
인해 국민들이
결국 풍요로운
삶을 살게 될
것 임을.
만약 그가 지금
살아있다면 후손들의
본인을 향한
모욕과 매도 역시
그냥 그러려니
웃어 넘기지
않았을까.

자유민주주의와 시장경제를
이 땅에 뿌리내리게 한 대한민국의
초대 대통령을 기억합니다.

있는 그대로의 그를 바로 볼 수
있는 날이 오기를 희망합니다.

차 례

# 첫 번째 선물

•

"오천년 한반도 역사에 한번도 없던 생각"

자유주의 정신이 상륙하다

# 이십 대 열혈 운동권이 풀어 쓴, 한나절이면 이해하는 자유주의 『독립 정신』

**남정욱**
前 숭실대 문예창작학과 겸임교수

## 『독립정신』이 실은 자유주의 보급 도서?

어려운 것을 어렵게 쓰는 것은 아무나 할 수 있는 일이다. 어려운 것을 쉽게 쓰는 게 잘하는 글쓰기다. 가끔 쉬운 것을 어렵게 쓰는 사람도 있다. 인간이 아니다. 한글의 위대성은 아무리 무식한 인간도 한나절이면 깨칠 수 있는 습득의 용이성에 있다. 우남 이승만이 쓴『독립정신』의 위대성은 그렇게 한나절 만에 글을 배운 사람이 또 한나절만 읽으면 이해할 수 있는 자유주의 입문서라는 점에 있다. 칭찬할 것이 널렸지만 특히 그 점에서『독립정신』의 미덕은 빛나고 또 빛난다.

『독립정신』은 우남이 수감생활 6년차에 그동안 감옥에서 생각하고 고민하고 공부한 것을 다듬어 풀어 낸 역작이다. 그러니까 '풍운아 이승만, 20대 삶의 결산'이 후세가 붙이기 적당한 부제 쯤 되겠다.『독립정신』의 요지는 수백 년 전제정치에 찌들어 자기가 노예라는 사실조차 망각한 조선의 백성들을 기독교 정신으로 개화시키고 서양의 정치제도와 법률을 받아들여 내정 개혁을 단행하면서 만국공법을 준행, 중립 외교를 펼쳐 조선의 독립을 보장받자는 것이다. 개화, 개혁, 독립이 핵심이라는 얘기다. 그런데 난데없이 자유주의 입문서라니. 그렇게 주장하는 이유가 있다.『독립정신』의 주장과 설명들을 읽어 나가다보면 자유주의를 쉽게 설명한 대목들이 숱하게 등장한다. 바로 가면 재미없다. 일단 20대 중반까지 우남 약전略傳을 통해『독립정신』이 나오기 전까지의 사정을 보자.

우남은 알려진 대로 이제(李禔) 그러니까 양녕대군의 16대 손이다. 집안은 내리 쇠락을 거듭하고 있었다. 우남의 4대조인 이최곤이 진사가 된 이후로는 벼슬에 오른 사람도 없다(3대 째 벼슬이 없으면 양반들 사이에서 왕따 내지 찬밥 신세). 우남은 늦둥이였다. 아버지 이경선이 서른일곱, 어머니 김씨가 마흔셋에 낳았다. 태몽에 용이 나왔다 하여 아명은 승룡. 당시 우남의 가정 경제는 사방으로 금이 간 상태로 어머니 김씨의 삯바느질과 친척들의 도움으로 하루하루를 넘기고 있었다. 아동기의 우남은 돋보이게 명석했고 시험을 치면 서당에서 따라올 아이가 없었다. 쓰러져가는 집안이 살아날 길은 우남이 벼슬길에 오르는 것 밖에 없었다. 우남은 열세 살부터 과거를 친다. 원래는 열 넷부터가 응시 가능 연령인데 급하긴 진짜 급했나보다. 떨어진다. 또 친다. 또 떨어진다. 그 사이에 혼례를 치러 우남에게는 부양가족까지 생겼다. 원래 나라가 망조가 들면 벼슬길부터 혼탁해지기 마련이다. 매관에 매직에 금품을 동반한 부정과 부패가 사슬처럼 얽힌다. 그런 상황에서 우남이 과거에 합격할 확률은 절반 한참 아래였다. 우남이 스물이 되었을 때 그나마 희망이었던 과거 제도마저 없어진다. 지금에서 보면 천운이었다. 말단이라도 벼슬을 얻었으면 우남의 빛나는 개척정신은 관료생활로 멍들고 소심해졌을 것이다. 우남은 방향을 돌린다. 과거 대신 영어를 통해 관직 진출을 시도한 것이다. 배재학당에 입학한 것은 그 까닭이지만 그것 말고도 이유가 하나 더 있었다. 당시 배재학당에는 자조부(自助部)라는 것이 있어 고학생들이 생활비를 벌면서 공부할 수 있도록 배려하고 있었다.

우남의 언어 감각은 탁월했다. 리트머스 시험지처럼 영어를 빨아들인 우남은 입학 6개월이 지난 후에는 학생이면서 신입생들에게 영어를 가르치는 영어 조교가 되어있었다. 교습비로 20달러를 받아왔는데 가족들은 밤새 돈을 세고 또 셌다. 배재학당에는 박사학위를 가진 선교사들이 많았다. 에비슨, 게일, 허버트 같이 초기 기독교 선교사에 빠지지 않고 등장하는 인물들이 그들이다. 우남이 이들에게 배운 서양 문명의 핵심은 정치적 자유라는 개념이었다. 영어 배우러 들어갔다가 정치를 배운 셈이다. 모든 인간의 자유와 평등 그리고 국민에게 정부를 선택할 권리가 있다는 설명에 우남은 넋을 잃는다. 군주제 하에서 불온사상도 이런 불온사상이 또 없었다. 인습과 결별한다는 결의로 우남은 상투를 잘랐다. 막상 잘라놓고는 집에 바로 들어가지 못했는데 당시 그게 얼마나 파격적인 행동이었는지 알 수 있다. 배재학당에서 우남은 서재필도 만난다. 조선왕실의 공인역적이었으니 당연히 신사상(新思想)의 전파자였다. 우남은 현실 정치에 눈을 뜬다. 주시경은 한글 공부하러 이승만은 정치하러 배재 다닌다는 소문이 돌 정도였다. 우남은 배재학당 졸업식에서 '한국의 독립'이라는 제목으로 영어 연설을 한다. 당시 배재학당 졸업식은 정부 대신들과 외교사절까지 참석하는 준 국가 행사였다. 참석한 사람들에게 우남은 깊은 인상을 남겼다.

## 좋게 말해 청년 운동가<br>정확히 말해 열혈 혁명 운동권 이승만

졸업 후 우남은 독립협회를 기반으로 정치 활동을 시작한다. 그는 리더였고 선동가였으며 혁명가였다. 러시아의 야욕과 조선 정부의 무능을 질타하는 제 1차 만민공동회의는 종로에서 벌어진 대중 집회였다. 우남은 이 집회에서 대중연설가로 급부상한다. 고종은 독립협회가 너무 싫었다. 왕이 누군가가 미울 때 가장 자주 쓰는 게 역모죄 씌우기다. 이상재, 남궁억 등 독립협회의 주요 인물 17 명이 반역죄로 체포되었다. 아슬아슬하게 검거를 피한 우남은 바로 반격에 나선다. 수천 명의 군중을 이끌고 경무청 앞에서 연좌시위를 벌인 것이다. 사람들은 열광하고 분노하고 손바닥이 아프도록 박수를 쳤다. 우남의 대중연설이 또 한 번 빛을 발하는 순간이다. 고종은 구국의 강철대오 황국협회 보부상들을 동원하여 시위대를 해산시키지만 그런다고 물러 설 우남이 아니었다. 잠시 몸을 피한 우남은 다시 시위를 조직해서 밤새도록 사람들을 독려한다. 때마침 용산에서 독립협회 회원인 김덕구가 피살된다. 불길에 기름을 부은 듯 시위는 격렬해지고 고종은 한 발 물러선다. 황제의 자문기관인 중추원 의원 50명 중 절반의 자리를 독립협회에 내 준 것이다. 윤치호는 중추원 부의장이 되었고 우남도 의관 자리 하나를 배정받는다. 과거도 아니고 영어도 아니고 왕을 압박하여 벼슬을 얻었으니 참 아이러니다. 중추원 회의는 거의 전쟁 수준이었다. 우남을 비롯한 과격파들은 갑신정변의 주역이었던 박영효 등의 등용을 요구했다. 고종은 벼랑 끝까지 몰려있었다. 고종의 입장에서 박영효는 역적 중의 역적이다. 역적을 등용한다는 것은 그가 더 이상 왕으로서 권위를 세울 수 없다는 얘기다. 고종은 중추원을 해산하는 초강경수를 쓰고 독립협회 의관들을 체포한다. 체포된 우남을 면회 온 주시경이 육혈포 두 자루를 몰래 건네준다. 우남은 이 총을 들고 두 명의 정치범과 탈출한다. 한 사람은 압록강을 넘었지만 한 사람은 체포된다. 군수 출신 서상대와 우남의 매일신문 공동 발행자인 최정식이다. 우남은 다시 시위를 조직하려 했지만 결국 종로에서 체포된다. 탈출했다 잡혔으니 가혹한 고문의 날들이 이어진다. 목에 칼을 쓰고 남은 것은 죽는 일 밖에 없는 상황에서 우남은 기독교 신앙 안에서 평안을 찾는다. 재판 끝에 우남은 종신형과 곤장 100대를 선고받는다. 곤장이 100대면 엉덩이 살이 다 나가고 뼈가 드러난다. 5년 7개월간 이른바 우남의 감옥풍운 시대는 그렇게 시작된다.

당시의 감옥은 오늘 날에는 상상도 할 수 없는, 인간을 인간으로 고려하지 않은 최악의 환경이다. 그러나 우남이 보낸 형무소 생활은 그다지 고단하지 않았다. 간혹 우남을 높이기 위해 책도 구해보지 못하고 종이와 연필 같은 건 당연히 없었다고 하는 분도 있는데 팩트에 대한 이런 식의 마사지는 별로 도움이 안 된다. 그보다 차라리 우남은 파격적인 대접을 받았고 여기에는 선교사들의 도움도 있었지만 진짜 이유는 간수들이 심정적으로 우남을 높게 평가하고 그에 맞춰 대우했기 때문이라고 말하는 것이 낫다(이런 사례는 안중근 의사의 경우에도 볼 수 있듯 의외로 보편적이다). 고종의 총애를 받았던 엄비가 우남 칼럼의 팬이었던 것도 큰 도움이 되었다(로마 황제의 부인들이 기독교에 우호적이었던 것처럼 이 또한 은근히 보편적이다).

우남의 장모가 엄비의 치모로 입궁했다가 임오군란 때 사망해서 사이가 각별했다는 사실은 널리 알려진 것이기에 생략한다. 이런 호의와 도움으로 우남은 감옥 안에서 많은 도서와 잡지들을 읽을 수 있었다. 우남이 즐겨 읽은 것은 윌리엄 스윈튼의 『세계사 개요』, 로버트 매켄지의 『19세기의 역사』였다. 그 외 라이만 애보트라는 자유주의 성향의 목사가 간행하던 『뉴욕 아웃룩』과 『인디펜던트』도 열심히 읽었다. 물론 다 영어 책이다. 우남의 영어 실력과 시사에 대한 안목은 매일 매일이 향상의 연속이었다. 영어로 대화할 사람이 없어서 영문 신약 성경을 소리 내어 읽었다. 덕분에 죄수들과 간수들은 영어 신약성경을 통청(通聽)하는 고통인지 행운인지를 누려야했다. 우남은 감옥 안에 도서실과 죄수들을 교육하는 옥중 학교까지 열었다. 이때 같이 학교를 운영(!)했던 감옥 동기들로는 이상재, 이원긍, 신흥우, 홍재기, 김정식, 유동근, 이상재의 아들 이승인 등이 있다. 이들은 나중에 우남의 중요한 인적 기반이 된다. 감옥에서 가장 많이 남아도는 게 시간이다. 무료함에 질린 죄수들에게 우남은 틈틈이 성경을 읽어주었다. 자주 듣다보면 넘어가기 마련이다. 무려 40여 명이 기독교를 받아들인다. 선교사들은 경악을 금치 못했다. 몇 년을 따라다니며 전도해야 겨우 한 명 넘어오는 게 당시 선교의 실적이었다. 선교사들은 우남에게서 선교사의 자질을 본다. 이는 나중에 우남이 미국으로 유학을 떠나는 데 유익한 영향을 미친다.

## 이승만은 왜 비분강개 끝에 눈물을 쏟았나

이제 본격적으로 『독립정신』 이야기다. 우남은 러일 전쟁 발발을 계기로 옥중에서 집필한 『청일 전기』와 각종 논설 등을 다듬고 발전시켜 『독립정신』을 쓰기 시작한다. 『독립정신』은 전체 52편의 논설로 이루어져 있는데 깨어나라 백성아, 선진국은 왜 잘 살게 되었는가, 신지식을 알려 주마, 요즘의 세계정세 읽는 법 등이 그 주요 내용이다. 감옥 생활의 끔찍함을 지어내어 강조하는 것이 효과적이지 않은 것처럼 『독립정신』이 독보적인 저작이라고 말하는 것 역시 도움이 안 된다. 아시는 대로 『독립정신』의 내용들은 개화파의 사상과 독립협회운동을 통해 형성된 근대 지식인들의 의식을 모아 놓은 책이고 구조는 유길준의 『서유견문』과 유사하다는 평가다.

그런데 중요한 것은 우남이 이 『독립정신』을 쉬운 말로 썼다는 것이다. 정치 팸플릿을 쉬운 언어로 쓴다는 게 얼마나 어려운 일인지 써 본 사람은 다 안다. 이 책은 쉽게 읽힐 뿐 아니라 읽은 재미가 있다. 논설 말미마다 ~해보세~~ 깨어나세~ 정신 차리세~ 같은 추임새가 있는데 창가처럼 운 맞춰 부르고 싶어진다. 실제로 우남의 연설을 들은 기억이 있는 어르신들은 우남의 연설이 구수한 게 듣는 재미가 있었다고 증언한다. 『독립정신』은 바로 그런 방식으로 쓰인 책이었다. 분석과 인용을 위한 텍스트로는 김충남·김효선이 풀어 쓴 『독립정신』으로 골랐다. 부제는 '조선 민족이여 깨어나라'이다.

먼저 서문이다.

"감옥에서 보낸 지루한 세월이 어느덧 7년째가 되었다. (중략) 몇 년 동안 논설을 써서 신문에 게재하기도 했지만 그것도 사정이 생겨 중단하고 있던 중 마침 러일 전쟁이 벌어지고 있어 남아男兒로서 세상에 태어나서 유익한 일을 할 만한 경륜經綸은 없지만 가만히 앉아 있을 수 없었다. 분노가 치밀어 눈물을 금치 못하여 그동안 해오던 한영사전 작업을 중단하고

2월 19일부터 이 글을 쓰기 시작했다. (하략)"

러일전쟁의 발발은 1904년 2월 8일이다. 항상 그렇듯 선전포고 없이 일단 전쟁부터 시작하는 일본의 전형적인 스타일에 따라 일본군은 여순을 기습 공격한다. 다음 날인 9일 일본은 인천 앞바다에 있던 두 척의 러시아군함을 격침시켰고 5월 5일 도고(東鄕平八郞)함대가 요동반도에 상륙했으며 이미 4월 말 한국을 거쳐 북진한 제1부대는 압록강을 건너 만주로 진입한 것이 러일전쟁의 초반이다. 전쟁사 탐구가 목적이 아니니까 요기까지만 하자. 그런데 왜 우남은 분노가 치밀고 눈물을 금치 못했을까. 아시다시피 러일전쟁은 한반도를 집어삼키려는 전쟁이었다. 직전의 청일 전쟁이 준결승전이었다면 러일전쟁은 결승전에 해당하는데 우남은 바로 이런 사실을 목도하며 울분을 참지 못했던 것이다. 이유는 둘이다. 하나는 목전에서 벌어지고 있는 전쟁의 의미가 무엇인지 아는 사람이 거의 없다는 것 즉 조선이 자신의 운명에 대해 전쟁의 결과를 따르는 것 말고는 아무런 할 일이 없다는 답답함이요 둘은 그런 상황에서 정작 자신은 감옥에 갇혀 있다는 처절함이다. 장원재 박사의 분석에 따르면 우남을 관통한 키워드 중

하나가-어쩌면 가장 중요할지도 모르는-외로움이다. 눈 뜨고 있다고 다 깨어있는 게 아니다. 오히려 눈은 뜨고 있는데 뭘 봐야 할지 뭘 보고 있는지 모르는 상황이 더 암담하다. 그러니까 자기는 훤히 보이는데 남들은 보지 못하는 답답함 그리고 그걸 알아들을 때까지 설명해야 하는 난처함 등이 그 외로움의 구체적인 내용들이었을 것이다. 대통령이 되었을 때 고향 친구들이 찾아와서 군수 자리나 하나 얻었으면 하는 소리를 해 댔을 때도 아마 비슷한 심정이었을 것이다. 서문의 끝은 '한성감옥에서 죄수 리승만 씀'으로 마치고 있다. 왜 굳이 자신을 죄수라고 표현했을까. 소견을 말씀드리자면 죄를 지어 수감되어 있어 죄수가 아니라 그런 풍전등화의 상황을 보고만 있을 수밖에 없는 자신의 처지를 죄라고 생각해서 그렇게 붙인 것 같다. 하긴 알고도 방치하는 게 더 나쁘다. 물론 우남의 입장에서야 어쩔 수 없는 일이었겠지만. 이제 장 별로 살펴보자. 김충남·김효선 본[1](이하 같은 책)제9장인 '자주와 독립의 중요성' 중 일부다.

---

1 김충남·김효선 『독립정신』, 동서문화사, 2010.

## 자주, 독립, 그리고 자연스러운 자유주의 설명

"자주란 한 사람 또는 한 나라가 자기들의 문제를 스스로 처리하는 것을 말하며 독립이란 홀로 서서 남에게 의지하지 않는 것을 말하니 자주와 독립은 인간의 타고난 권리라 할 수 있다. (중략) 다른 사람이 먹여주고 입혀주고 또한 대신하여 듣고 보고 다니고 생각해준다면, 그 사람은 누가 돌봐주지 않으면 하루도 살 수 없다. 이러한 사람이 있다면 이것은 곧 사람의 몸에 있는 사마귀나 혹과 같아서 살아있는 것이 죽는 것보다 못하며 다름 사람에게 짐만 되니 차라리 죽는 것이 나을 것이다. (중략) 개명한 나라의 사람들은 자신들의 권리를 보호하기 위해 목숨까지 아끼지 않는다. 어린아이까지 자신의 문제는 스스로 해결하도록 가르쳐 남에게 의지하는 것을 부끄럽게 여긴다. 심지어는 부모에게 의존해서도 안 된다고 생각한다. (중략) 이렇게 사람을 가르치니 모두가 열심히 공부하고 일하며 사람이 잘 살고 못사는 것은 각자에게 달렸다고 믿는다. (중략) 외국 정치인들이 우리나라 국민성을 연구하고 하는 말이 이 나라는 독립심이 없다고 하니 뼈가 없는데 핏줄이 어떻게 생기겠는가. 우리가 이 말을 옳은 말이라 하여 스스로 뼈 없는 체 하는 것이 옳겠는가. 결코 그렇지 않으며 천만번 그렇지 않다. 우리나라 사람들이 오랫동안 압제에 눌려 살다 보니 버릇이 되어 스스로 생각하지 못하기 때문이다. (하략)"

좀 길지만 인용한 이유는 자주와 독립에 대한 설명과 함께 둘의 개념을 확장해서 자유주의에 대한 자연스러운 이해를 돕고 있기 때문이다. 내 몸은 나의 것이고 남에 대한 의존은 부끄러운 일이며 잘 살고 못 사는 것이 각자에게 달렸다는 설명은 깨우치라는 계몽과 함께 자유주의의 권리와 책임에 대한 명료한 서술이다. 이 설명은 같은 책 제16장의 '미국 독립의 역사'로 이어진다.

"(전략) 미국 국민이 얻은 값진 권리는 남들이 도와주거나 아무 노력 없이 이루어진 것이 아니라 수많은 피와 재물을 희생하며 힘겹게 쟁취한 것이다. 이는 곧 힘들여 얻은 재물이 오래 유지되는 것과 같은 이치이다. (후략)"

2016년 대한민국은 통째로 물이 새고 있다. 2016년의 대한민국 일부는 세 가지를 모른다. 역사를 모르고 고마움과 감사를 모른다. 자유민주주의를 쟁취한 것이 아니라 주어진, 선물 받은 것이라 고마워할 줄 모른다. 적화로부터 대한민국을 지켜낸 주요한 동인이 유엔 16개국의 대가없는 참전이며 그 전쟁에서 3만 5천 명의 미군이 피를 흘렸다는 사실을 고마워할 줄 모른다. 유엔군 전사자들이 부산에 있는 유엔 묘지에 잠들어 있다고 말해주면 그런 게 있었어요? 묻는 사람까지 있다. 모르는 정도에서 끝나는 게 아니다. 교육감이라는 사람은 인천 자유공원 맥아더 동상을 아직도 허물지 못하고 있다고 탄식한다. 정말이지 할 수만 있다면 그 모든 것을 빼앗아 원상태로 돌려놓고 싶다. 이 문장의 울림이 큰 이유다. 자유주의에 대한 설명은 다음 제17장 '미국 독립 선언문'에도 등장한다.

"(전략) 한 사람의 안녕복지는 그 자신에게 달렸으니 다른 사람의 도움을 바라지도 말고 다른 사람에게 책임을 떠넘기며 원망할 것도 없다고 믿었다. (후략)"

우남의 이 친절한 설명을 나중에 영국의 한 여성 정치가가 한 마디로 정리한다. "사회 같은 건 없습니다." 통상과 교류에 대한 설명도 쉽고 간단하다. 같은 책의 제2장인 '책임을 다하지 못하면 반드시 화를 당하게 된다.'와 제6장인 '통상과 교류는 이로운 것이다'에 나오는 문장들이다.

"(전략) 상업과 무역을 권장하여 다른 나라로부터 재물과 금은보화를 벌어들이고 공업과 농업을 진흥시켜 생활이 풍요로워지면서 사람의 가치도 매우 소중히 여긴다. 기계는 편리하고 빨라서 사람의 수고를 덜어주며 모든 사람이 골고루 교육을 받게 되고 도덕과 신의를 소중히 여긴다. 누가 신사숙녀인지 자연히 드러나며 순리가 통하고 법률이 공평하게 적용되어 나쁜 사람은 머리를 들지 못하고 약한 사람이라도 두려울 것이 없다. (하략)"

"(전략) 외국 사람들이 우리나라에 해를 끼치거나 무엇을 빼앗으러 오는 것이 아니다. 통상하고 교류하여 서로 이롭게 하고자 하는 것이니 그들을 막을 수도 없고 막을 이유도 없다. (하략)"

경제적 풍요가 인간에 대한 존중을 만들어내고 상업과 무역이 나라간 살림을 증진시키며 공업화, 기계화는 사람의 일감을 덜어주고 그 결과 교육이 확대된다는 것에 대한 간략한 설명들이다. 자유주의의 근간 중의 하나인 법치도 나온다. 순리가 통하고 약한 사람이라도 두려울 것이 없다는 아주 간단한 설명이다. 조선에도 법은 있었다. 그러나 그것은 양반의 법이었다. 양반의 법은 한쪽 저울추가 아예 없었다. 양반이라는 이유로 나쁜 놈들이 태연히 머리를 들고 다녔으며 신분이 낮고 약한 사람은 잘못을 하지 않고도 늘 두려워했다. 제13장인 '미국 국민들이 누리는 권리'에서는 생각해보면 그것이 얼마나 이상하고 잘못된 것인지에 대한 설명이 나온다.

"(전략) 자기 집과 토지와 재산이 자기 것이라 믿지 못하며 자기의 처와 자식이 자기 것이 아니며 자신의 생명이 자기 것이라고 믿지 못하고 다른 사람에게 희생이 되는 나라에 사는 사람들 (후략)"

다시 강조하지만 『독립정신』의 일부는 과학책이고 뒷부분은 역사서지만 앞 장의 대부분은 정치 팸플릿이다. 확장하자면 80년대 유행했던 '민중이 주인이 되는 세상을 만들자'도

이 계열에서 뻗어 나온 것이다. 물론 결말은 전혀 다르다. 한쪽은 자유민주주의 다른 한쪽은 인민민주주의. 한 쪽은 가능한 많은 사람에게 자유를 주는 공리적 세계, 한쪽은 다수에게 최대의 고통을 안겨주는 전체주의 세계.

## 백성이 깨어야 비로소 관리(공무원)가 국민의 종복從僕이 된다.

제23장인 '국민이 힘쓰면 문명부강한 나라를 만들 수 있다'에서 우남은 관리에 대한 의견을 펼치고 있다. 전제국가인 조선에 사는 만큼 조선 민중들은 민주사회를 상상하는 것 자체가 불가능했다. 해서 우남은 국가란 어떻게 만들어지는가에 대한 아주 초보적인 설명에서부터 이야기를 풀어나간다.

> "(전략) 먼저 나라가 무엇인지를 알아야 한다. 나라라 하는 것은 여러 사람이 모여 사는 조직된 사회로 여러 사람이 모여 의논하는 회의체에 비유할 수 있다. 그들은 큰 건물에 모여 몇 사람씩 짝을 지어 자유롭게 웃으며 이야기하고 토론도 한

다. 토론만 하는 것이 아니라 때로는 난장판이 되어 싸우다가 사람까지 죽이는 위태로운 지경에 이르기도 한다. 이 같은 분쟁을 평화적으로 해결하기 위해 공정한 법과 규정이 필요하다. 이를 위해 적절한 사람을 선발하여 그로 하여금 법과 질서를 유지하도록 할 필요가 있다. 이 같은 일을 하기 위해서는 예산도 있어야 하고 사무원들이 업무에 전념할 수 있도록 보수도 주어야 한다. 그러기 위해서는 그 조직의 회원들이 얼마씩 거두어 필요한 예산을 마련하여 사무원들이 관리하도록 한다. (중략) 나라의 관리들은 단체의 사무원에 그리고 백성은 회원에 비유될 수 있다. 백성의 뒷받침 없이 관리들의 권력이 어디서 나올 수 있으며 백성이 관리들을 잘 감독한다면 그들이 어떻게 권한을 남용할 수 있겠는가. 근본적으로 백성이 백성 된 책임을 다하지 못했으므로 그 같은 결과가 온 것이다. 백성이 책임을 다하지 않는 것은 나라가 자기들의 나라라는 것을 이해하지 못하기 때문이다. (하략)"

2016년의 시각으로 이 문장을 읽으면 안 된다. 이 문장은 1904년에는 경천동지할 무시무시한 선언이자 거의 혁명 구호다. 우남은 나라를 만드는 게 군주가 아니라 백성이라는 사실을 우회적으로 설명한다. 그리고 나라의 주인인 백성들이 관리들을 선발해 보수를 주면서 일을 시키는 것이 행정이라는 사실을 덧붙인다. 당시 조선의 민중들이 알고 있는 관리는 뽑는 것이 아니라 위에서 내려오는 것이었다. 관리는 부임하여 못살게 굴고 재물을 빼앗아 갔다. 재산권이라는 건 상상도 못했다. 잡아다 치도곤을 안긴 뒤 네 죄를 네가 알렸다, 하면 그만이었다. 없는 죄를 만들어 불고 재물을 빼앗기고 나오는 게 당시였다. 그렇게 소를 빼앗기고 재물을 털리고 미색의 아내를 내주었다. 그런데 그 저승사자처럼 두려운 그들이 실은 백성들이 고용한 존재이며 감독까지 할 수 있다니 그 얼마나 경이적이고 위험천만한 선언인가. 쉽게 말해 혁명하자는 얘기였다. 그게 독립정신이라는 얘기였다. 그런 세상이 금세 온다는 통보였다. 물론 발언에 대한 위험을 살짝살짝 피해가는 재치도 곁들였다. 우남이 제시한 나라와 백성의 나아갈 길은 미국을 모델로 한 문명개화였지만 이 찬양이 미국식 공화제로 이어질 경우 바로 역적이 되기 때문에 조선에는 영국식 입헌 군주제가 적당하다고 에둘러 말했다. 전제 정치, 입헌 군주제, 민주정치를 설명하면서(제14장의 '세 가지 정치 제도의 구별') "민주정치가 가장 좋은 것이지만 그러나 동양에서는 그 같은 정치가 합당하지도 못할 뿐 아니라 매우 위험한 사상이다."라고 덧붙이기도 했다. 쓰면서도 우남은 속으로 많이 웃었을 것이다. 우남은 민주정치를 논하면서 이러한 정부 형태를 '국민의, 국민을 위한, 국민에 의해 수립된 정부'라고 설명했다. 당연히 링컨의 1863년도 연설문을 읽었으리라. 그리고 자신도 그런 나라를 만드는 일에 매진할 것임을 다짐했을 것이다.

### 국민의 마음이 먼저 자유로워야 한다.

제23장인 '국민의 마음이 먼저 자유로워야 한다'는 『독립정신』의 엑기스를 모아놓은 것이다. 깨어야 한다, 배워야 한다가 아니라 '자유로워야 한다'고 말한 것이 흥미롭다.

> "헌법을 만들어 사용하는 것이 그렇게 어렵지도 않고 헌법에 의한 정치가 시급하지만 우리나라 사람들의 수준을 고려할 때 결코 쉽지 않다. 서양의 여러 나라들은 설립된 지 오래지 않아 나쁜 습관이 깊이 뿌리 내리지 않았지만 동양 사람들

은 수천 년에 걸쳐 나쁜 습관이 깊이 뿌리박혀 학문이나 교육의 힘으로 그 같은 폐습을 쉽게 뿌리 뽑기 어렵기 때문이다. 그러므로 자유라는 새로운 이념으로 사람들을 오랜 관습의 굴레에서 벗어나게 하여 좋은 것과 나쁜 것을 구분할 수 있게 해야 할 것이다. (하략)"

드디어 자유가 나왔다. 뭘 배우고 뭘 깨우칠 것인가에 대한 우남의 실질적인 답변인 셈이다. 그대들의 마음속에 자유가 뛰놀게 하라, 자유라는 개념으로 세상을 바라보라는 우남의 발언은 여러 부문에서 다채롭게 펼쳐진다. 먼저 양반과 상민의 개념을 허물라 주장한다. 전국을 통틀어 양반은 전 국민의 천분의 일도 안 된다며 나머지 999는 양반들을 위해 존재하는 꼴이니 나라에서는 999의 백성을 잃어버린 것이며 이처럼 우수한 백성을 잃어버린 나라가 쇠퇴한 것은 당연하다고 말한다. 이는 효율성의 문제이기도 하다. 교육과 학문을 다루는 부분에서 여러 사람이 지혜를 모은다면 실수가 적을 것이라는 이야기도 같은 맥락이다. 이렇게 여덟 가지의, 자유가 필요한 영역과 백성의 자세를 설명하면서 우남은 이런 것들이 사람의 마음을 결박하여 자주권을 귀하게 여길 줄 모르는 풍토가 만들어졌다며 이를 자유로 깨고 신학문으로 돌파하자고 주장한다. 제23장의 마지막 문장은 이렇다.

"(전략) 그러므로 우리 동포들에게 가장 시급한 일은 신학문을 배우는 것이다. 그러나 신학문에 힘입어 자유의 권리만 알고 자유의 한계가 있는 것을 알지 못한다면 우리는 그러한 권리를 얻지 못할 것이다. 그러므로 권리의 한계에 대해 설명하고자 한다."

당연히 다음 장인 제24장의 제목은 '자유에도 한계가 있다'이다. 우남이 책임을 중시하는 것은 '사람이 만물 중에 지능이 가장 발달돼 있기 때문'이다.

"(전략) 모든 사람은 책임에 따라 권리가 있고 또한 권리를 행사하는 데 책임이 따른다. (후략)"

우남의 책임론은 법치로 이어진다. 그리고 사람들 사이의 법치에서 나라와 나라 사이에 공통으로 적용되는 공법(국제법)까지 주장을 확장시킨다. 어떤 학자들은 우남이 미국 선교사와의 개인적인 신뢰 형성을 미국에 대한 신뢰로 확대해석했으며 만국공법에 대한 환상에 빠져 그 배후에 숨어있는 제국주의적 의도를 간과했다고 비판하기도 한다. 일부 사실이다. 1905년 8월 우남은 루스벨트를 만나 하와이 교민의 청원서를 전달하면서 한·미수호조약에 따라 조선의 독립을 지켜달라고 부탁한다. 루스벨트는 외교 경로를 통해 정식으로 청원서를 전달해 달라며 우남을 돌려보냈지만 이미 7월에 동경에서 가쓰라-태프트 밀약을 체결한 상태였다. 물론 그것은 『독립정신』을 쓴 한참 뒤의 일이고 그 일로 우남은 국제 정치의 비정함과 약소국을 대하는 강대국의 냉정함을 배운다. 맞고 배운 것이 오래간다. 우남의 미국에 대한 이해는 그 일로 한층 깊어지니 그 이유로 『독립정신』을 폄하할 이유까지는 없을 것이다.

## 마치며 아쉬운 것 하나

이렇게 우남은 자유와 책임 그리고 법치까지 그의 『독립정신』에서 고루 소개하고 쉽고 간단한 설명을 달았다. 『독립정신』을 자유주의 보급 도서라고 한 것은 바로 이런 이유다. 책을 다 읽고 나면 그리고 그 주장에 수긍을 한다면 독자는 이미 절반쯤은 자유주의자가 된 셈이다. 자유주의나 독립과는 살짝 떨어져 있지만 개인적으로 가장 재미있게 읽은 부분을 언급하며 글을 마친다. 제13장인 '새로운 것과 전통의 구별'이다.

"문명개화(文明開化)라 함은 사람의 지혜를 개발하여 없던 것을 만들어내며 있던 것을 향상시키며 좋은 것을 더 좋게 만드는 것이다. 증기선을 만들어 과거에 다니지 못했던 큰 바다를 쉽게 항해하며 철로를 부설하여 먼 거리를 빠르게 왕래하고 석유를 뽑아내어 등불을 밝히다가 그보다 작지만 쓰기에 편리한 전등(電燈)과 전지등(電池燈)을 만들어 쓰고 전보선을 가설하여 먼 곳까지 문자를 주고받으며 전화를 만들어 언어로 주고받고 있다. 나아가 무선전선을 발명하여 전선도 없이 소식을 주고받을 수 있게 되어 머지않아 전선이 완전히 없어지게 될지도 모른다 (하략)."

머지않아 전선이 완전히 없어지게 될지도 모른다고? 쥘 베른도 아니고 어떻게 이런 깜찍한 발상을 하셨을까. 또 하나

흥미를 끄는 대목이 있다. 개화된 사람들은 다른 나라 사람들과 교류하려 하지만 미개한 사람들은 남의 것은 보기도 듣기도 싫어한다며 한 말이다.

> "(전략) 비유를 들자면 밭에 좋은 씨를 뿌리면 처음에는 잘되다가 해마다 그 씨를 받아 그 땅에 다시 심으면 점차 씨의 좋은 성질은 줄어들어 마침내는 잡초같이 되고 새로운 씨가 번성하여 온 밭을 다 차지하게 된다. 인종이 섞여 사는 것도 이 같은 이치이다. (후략)"

이 대목을 문화에 접목해 말하자면 재미있는 해석이 가능하다. 문화에는 순종지향적인 것이 있고 별종이 있고 잡종이 있다. 이 중 자기 문화만 고집하면 순종지향이 된다. 여기서 가끔 별종이 나오기도 하는데 주도적인 역할을 하기에는 어렵다. 순종이 다른 종을 만나면 잡종이 나온다. 잡종이 되면 문화적인 힘은 순식간에 극대화된다. 세계를 끌고 가는 나라들의 공통점은 전부 이 잡종 문화국이라는 사실이다. 물론 대표적인 나라는 미국이다. 미국 문화의 탄력성은 계속해서 이질적인 문화를 받아들인 결과다. 우남이 말한 계속해서 심은 좋은 씨는 순종을 의미한다. 좋은 씨만 고집하는 사이 그 씨의 좋은 점이 다 빠져나가고 결국 쇠락하게 된다. 인종이 섞여 사는 것도 이와 같은 이치라는 우남의 충고는 그래서 귀기울일 만 하다. 개인적으로 아쉬운 것이 있다면 『독립정신』에 대한 소개가 의고체를 풀어 쓴 정역에 머물러 있다는 것이다. 현대적으로 재해석한, 완전히 현대어로 된 '평역 독립정신'이나 '평설 독립정신'을 기대하는 건 너무 위험한 발상일까. 우리는 어쩌면 우남의 사상을 1904년에 그대로 잡아두고 있다.

## 참고문헌

인보길, 『이승만 다시 보기』, 기파랑, 2011.

이주영, 『이승만 평전』, 살림, 2014.

김충남·김효선, 『독립정신』, 동서문화사, 2010.

안병훈, 『건국대통령 이승만의 생애』, 기파랑, 2015.

정병준, 『우남 이승만 연구』, 역사비평사, 2005.

| 같이 읽으면 재미 두 배! |

# 이승만과 기독교 선교사들과의 만남은 축복이었다

**김용삼**
펜앤드 마이크 대기자
이승만학당 교사

이승만의 자유주의를 언급할 때 빼놓아서는 안 되는 팩트가 서양 선교사들의 존재다. 이승만은 조선에 온 서양 선교사들을 통해 영어를 배웠고, 자유주의, 민주주의, 공화제, liberty, freedom의 가치, 그리고 기독교를 만났기 때문이다.

이승만은 20세 때 배재학당에 입교하여 아펜젤러, 달젤 벙커(한국명 방거·房巨), 프랭클린 올링거(무림길·武林吉), 호머 헐버트(흘법·訖法, 혹은 할보·轄甫), 윌리엄 노블(보을·魯普乙), 조지 존스, 윌리엄 스크랜턴, 리처드 하크니스, 그리고 엘라 아펜젤러 부인, 베르타 올링거 부인, 매티 노블 부인 등을 만났다.

이들을 통해 이승만은 동양의 성리학적 토대 위에 서양의 자유민주주의와 기독교 사상을 융합한 '세계인'으로 탄생하게 되는 전기를 맞게 된다.

배재학당의 교장이었던 아펜젤러는 자신이 처음 제물포에 상륙하여 기거했던 초가집 부근에 내리교회를 세웠다. 내리교회 교인들 중 일부는 1902년 말 조지 존스(조원시·趙元時) 목사의 주선으로 하와이로 이민을 떠나 하와이 교민사회를 건설하는 주역이 되었다. 내리교회 설립을 주도한 사람이 아펜젤러이니, 그는 하와이에 한인 이민사회를 형성하여 하와이를 중심으로 이승만을 비롯한 여러 독립투사들의 독립운동 근거지를 개척하는 역할을 한 셈이다.

한국에서 개신교 선교가 시작된 1884년부터 1934년까지 한국에서 활동한 선교사는 1,060명인데, 이 중 미국 선교사 비율이 80%가 넘었다. 1892년 주한 미국 공사관 조사에 의하면 총 78명의 조선 거주 미국인 가운데 44명이 선교사와 그 가족이었다.

대부분의 선교사들은 대학교나 신학교를 졸업하고 곧바로 조선에 파송되어 한국에 도착할 당시 나이는 25~34세였다. 한국에 도착했을 당시 스크랜턴은 29세, 아펜젤러는 27세의 전도유망하고 야심만만하며, 당대 최고 수준의 뜨거운 신앙심과 지성을 겸비한 미국의 엘리트 청년들이었다.

조선에 파송된 미국 선교사들은 절대다수가 백인 중산층 출신의 주류 교단 젊은이들로서 철두철미한 칼빈주의적 청교도 정신을 한국에 이식시켰다. 선교사들은 성경의 가르침에 따라 조선에서 노예제도, 여성에 대한 억압은 물론 음주, 흡연, 도박, 축첩 등의 악습 퇴출에 앞장섰다. "술은 독약이며 모든 죄의 근원이기 때문에 입에 대는 것 자체가 죄"라고 가르쳤고, 중국에서 만연하던 아편을 막기 위해 금연을 적극 권장했다. 또 교인들이 세례를 받으려면 글을 읽고 쓸 줄 알아야 한다는 조건을 제시하여 문맹에서 깨어나도록 유도했다.

## 근대화의 출발은 서양 선교사로부터

의료선교사들은 한국의 왕실 가족뿐만 아니라 일반 백성들까지 차별 없이 치료해주었고, 예방주사 접종을 하여 전염병이 창궐할 때 한국인들을 살려냈으며, 지방을 순회하며 수백 명의 환자들을 치료해주었다. 또 민주주의, 자유, 평등 개념을 전해주었고 읽거나 쓸 줄 모르는 민중들을 교육시켰다. 한국 근대화의 기저에는 교육이 자리 잡고 있는데, 이러한 근대 교육의 출발은 1884년 입국한 기독교 선교사들로부터 시작되었다.

또 조선 사람들로 하여금 여성 인권에 눈을 뜨도록 했고, 기독교 사상과 한글과 서양 음악을 널리 보급했다. 근대식 출판사를 설립하여 신문과 서적을 발간하는 등 문명개화의 문이 활짝 열리게 된다. 그들은 이승만 뿐만 아니라 한민족에게 개화·문명·신지식의 눈을 뜨게 해 준 놀라운 존재들이었다.

이승만의 자유주의, 민족적 자각, 서양문명에 대한 통찰, 세계사의 흐름에 대한 안목은 배재학당의 공부 덕분이다. 이승만을 비롯하여 배재학당에서 공부한 아펜젤러의 제자들은 개화파 정치운동의 본류가 되어 자주민권, 자강운동의 중심 세력이 된다.

아펜젤러의 교육 목표는 조선의 젊은이들에게 기독교 전파와 동시에 서양의 민주주의 정치와 발전된 근대식 문화, 자유주의 사상을 전파하는 것이었다. 때마침 갑신정변 쿠데타 실패 후 미국에 망명하여 미국의 고급 교육을 받은 서재필과 윤치호가 배재학당에 합류하면서 민주주의, 민족주의, 계몽주의 교육이 더욱 강화되었다.

당시 배재학당에서는 교과과목뿐만 아니라 민주주의, 자유, 인권, 기독교 신앙 등을 함께 가르쳤다. 배재학당은 또 자기의 인생은 자기 스스로 개척해야 한다는 이른바 자조(自助) 정신을 학생들에게 불어넣어 주었다. "대가를 낼 줄 모르는 자에게는 도움이 없음을 생도들이 깨닫게 하기 위하여" 학생들에게 자조부를 설치하여 학교 구내를 순찰하고 지키는 일, 돈이 없어 학비를 내기 어려운 학생들은 학교 구내에 있던 삼문출판사의 제본소에서 아르바이트로 학비를 버는 일, 이승만이나 이충구처럼 영어가 뛰어난 학생들은 조선에 부임한 서양인들에게 한국어를 가르쳐 돈을 벌어서 월사금을 내도록 했다. 제 손으로 벌지 않는 학생에게는 도움을 주지 않았다. 이것이 자유주의의 가장 기본이자 출발이라고 생각한다.

서양 선교사들은 또 조선의 청년들에게 독립사상도 불어넣어 주었다. 아펜젤러는 조선의 독립운동에 동조하여 독립협회 조직과 활동에도 깊이 관여했다. 독립협회 창설 때는 기독교 지도자들과 배재학당 교수들은 물론, 배재학당 출신 학생들이 회원으로 대거 참여했다.

호머 헐버트 선교사는 '제4의 헤이그 밀사'로 활동한 사실이 알려져 1908년 조선에서 강제 추방됐다. 그는 조선에서 추방되자 미국으로 돌아가 매사추세츠 주 스프링필드에 기거하며 지속적으로 한국 관련 글을 발표했고, 미국에서 독립운동을 하던 이승만과 서재필 등을 적극 지원했다. 또 한국의 독립을 위해 이승만과 함께 미국 각지를 순회하며 일본의 침략행위를 비난하는 연설을 했다.

이승만은 미국에서 독립운동을 추진하는 과정에서 헐버트의 각별한 도움을 받아 한국친우회(The League of Friends of Korea), 한·미협회(Korean-American Council), 기독교인 친한회(The Christian Friends of Korea) 등 한국을 돕는 미국 주류사회의 강력한 인적 네트워크를 결성했고, 이 단체들을 통해 카이로 회담 때 한국의 독립을 약속하는 문구를 삽입하는 등 한국 독립에 지대한 영향력을 행사했다.

## 선교사와 군주제 폐지 토론

헐버트는 조선 최초의 한글교과서인 사회지리 총서를 출

간한 사람, 최초로 아리랑을 외국에 알린 사람, 대한제국 황제 고종의 밀서를 미국 대통령에게 전하려 했던 외국인, 사회장으로 장례가 치러진 최초의 외국인, 최초로 건국훈장을 받은 외국인 독립운동가, 대한민국 대통령으로부터 묘비명을 받은 최초의 외국인, 이달의 독립운동가로 선정된 최초의 외국인이다.

헐버트는 또 해외에서 한국학 연구의 시조(始祖)다. 외국 서적을 번역하여 한글로 출간했으며, 외국에 한국을 알리기 위해 다양한 서적과 기사를 영문으로 번역하거나 저술했다. 1896년에는 구전으로 전해오던 아리랑을 처음으로 채보하여 해외에 알렸다.

에비슨이 남긴 기록에 의하면 이승만은 배재학당 재학시절, 주일마다 자기 집에 방문하여 영어 회화를 익히면서 조선왕조의 절대군주제를 혁파할 필요가 있다는 반역적 토론을 벌였다고 회고했다. 에비슨은 은퇴하여 플로리다에서 살던 1949년 12월 21일, 이승만 대통령에게 다음과 같은 편지를 보냈다.

"이 박사님, 그대가 저의 집에 거의 일요일마다 와서 저에게 영어를 연습하고 조선의 미래에 대해서 이야기하던 것을 얼마나 잘 기억하는지요.… 이 박사님, 그대는 그때 이미 젊은 반역자였고, 저는 마땅히 그래야 함에도 불구하고 그대를 막지 않았던 것 같습니다. 그러나 사실 그대는 어떤 격려도 필요로 하지 않았습니다. 그대가 추구하던 일의 위험에 대해 제가 어떻게 경고했던가를 기억할 것입니다.… 제가 처해 있던 곤란한 입장을 생각하며 웃음을 지어봅니다. 황제가 아프거나 그렇다고 생각될 때는 왕진을 하면서, 군주제가 폐지될 경우 나라의 장래가 어찌될지 그대와 더불어 토론했었지요. 우리 두 사람은 역적이었던 것 같습니다."

이승만 대통령은 에비슨 박사에게 건국공로훈장을 수여했는데, 이승만은 에비슨 박사와의 관계를 이렇게 기록하고 있다.

"에비슨 박사는 그가 이 땅에 전한 기독교 정신으로부터 오는 자유주의 사상의 상징으로써 본 대통령의 신실한 친구였으며, 또 본 대통령의 청년 시기에 기독적 민주주의의 새 사상을 호흡케 하였다."

제임스 게일 목사는 이승만이 감옥에 갇혔을 때는 그의 신변안전을 위해 불철주야 노력했고, 미국에 간 이승만이 세례를 받고 조지 워싱턴 대학에서 공부할 수 있도록 길을 열어

주었으며, 이승만이 학업을 마치고 귀국하자 서울 YMCA 학감으로 활동할 수 있도록 직장을 알선해 준 이승만의 평생 스승이자 멘토였다.

미국 선교사들이 한국의 근대사에 끼친 영향에 대하여 북한 측은 어떻게 보고 있을까. 언더우드 1세는 1916년 10월 12일 미국에서 사망했는데, 사망한 지 83년 만인 1999년에 서울 양화진 외국인 선교사 묘역에 이장됐다. 이곳에는 광혜원에 제2대 부인과 과장으로 파송한 여성 의료 선교사였던 부인 릴리어스 홀튼 언더우드 여사와 함께 이장됐다. 이곳에는 맏아들 원한경(언더우드 2세) 박사 내외, 언더우드의 손자 원일한(언더우드 3세)의 묘역도 함께 있다. 평양의 조선중앙통신은 언더우드 1세의 유해가 양화진 묘역에 이장됐을 때 다음과 같은 비난 기사를 보도(1999년 8월 22일)했다.

"언더우드는 1885년 선교사의 간판을 쓰고 이 땅에 와서 우리 인민들에게 미국을 숭배하는 사상을 퍼뜨리며 첩자질을 하고 친미분자를 심고 키워내며 미제의 한반도 침략의 앞잡이 역할을 한 사악한 범죄자다. 이에 더하여 그의 후손들은 4대에 걸쳐 114년 동안 조선 침략정책을 앞장서 집행해온 특수부대요 앞잡이로, 이 땅의 근대사에 침략과 수탈의 치욕을 안긴 추악한 범죄 집단이다. 그런 극악무도한 자들의 유해가 이 땅에 묻혀 오늘까지 남아 있다는 것은 수치다. 우리는 언더우드의 유해마저 서울에 가져오는 만행에 민족적 충격과 분함을 금할 수 없다."

## 해방공간에서 활약한 서양 선교사 2~3세들

한국에서 활동했던 선교사나 그 자제들은 해방 공간에서도 많은 활약을 했다. 1945년 9월 8일 남한에 진주한 미군들은 한국에 대한 사전 정보가 절대적으로 부족했기 때문에 군정을 수행하기 위해 한국어를 구사할 줄 알고, 한국의 문화에 익숙한 선교사와 그 자제들을 적극 활용했다. 미군정은 특히 한국에서 태어나 한국에서 자란 선교사 자녀들 중 미군에 입대한 '코리아 키드'(Korea Kids)를 적극 활용했다. '코리아 키드'로 미군정에서 활동한 인물은 존 윌리엄스(하지 사령관의 정치참모), 클러런스 윔스, 해롤드 노블, 언더우드 2세(원한경)와 3세(원일한) 등을 꼽을 수 있다.

그러나 '코리아 키드'들이 한국에 긍정적인 영향만 미친 것은 아니다. 그들은 부모를 따라 한국에 와서, 혹은 한국에서 태어나 자라면서 한국에 대해 긍정적인 생각과 함께 부정적 인식들도 동시에 가지고 있었다. 이러한 인식과 개인적 감정들이 후에 성년이 되어 한국을 위해 일하는 과정에서 미국의 정책으로 표출되기도 했다. 긍정적 측면에서 한국을 도운 인물이 언더우드 2세와 3세, 해롤드 노블, 존 윌리엄스라면 부정적 측면으로 작용했던 인물은 조지 매퀸 2세였다.

조지 매퀸 2세는 한국에 파송되어 북한 지역에서 활동했던 조지 매퀸(윤산온·尹山溫) 선교사의 아들이다. 그는 한국에서 태어났는데, 아버지의 활동 지역이 평안도라서 이 지역 사정에 정통했다. 그는 옥시덴탈 대학과 버클리 대학교에서 수학한 후 1942년 2월부터 미 중앙정보국(CIA)의 전신인 전략첩보국(OSS) 산하의 조사분석실 극동그룹에서 근무했다. 그는 라이샤워와 함께 한글 로마자 표기법 중의 하나인 '매퀸 라이샤워법'을 창안한 전문가다.

미국 정부에서 대표적인 한국 전문가로 꼽혔던 그는 안창호 계열의 친(親)흥사단, 친서북파 경향이 강해 기호파에 속하는 이승만에게 대단히 비판적이었다. 한국 민족운동의 두 주도세력인 기호파와 서북파의 해묵은 대결의식이 선교사들에게까지 영향을 미친 탓이다. 매퀸 2세는 독립운동가들 가운데 좌파들에게 큰 관심을 가지고 지원을 했다. 그는 1944년 5월 국무부 일본과로 자리를 옮겼는데, 1937년 소련의 학술잡지인『태평양』(Tikhi Okean)지에 실린 김일성에 관한 기사를 번역하여 국무부 관리들에게 읽도록 권했다.

이승만이 하와이에서 집필한 저서『한국교회 핍박』에 의하면 한국이 개국하고 통상한 지 불과 30년 만에 전국의 기독교인 수가 37만 명, 외국 선교사 수 약 300명, 교회 500개, 교회학교 962개, 병원 13개로 늘었다. 기독교 역사로 볼 때 하나님의 은총이 충만한 폭발적인 성장이었다.

생사의 기로를 헤매던 한성감옥 수감 시절 기독교로 개종한 이승만은『한국교회 핍박』에서 한국이 기독교 국가가 되면 한국은 영국, 프랑스, 미국 등 구미의 1등 국가들과 동등한 문명국이 될 수 있다고 전망했다. 그는 또 한국인이 심령의 양식인 기독교를 받아들여 정신력을 배양하면 일제의 식민통치를 능히 극복할 수 있다고 주장했다.

이승만은 1919년 3·1운동 직후 미국 언론과의 인터뷰에서 "이번 독립운동 지도자들의 주의는 한국을 동양 처음의 예수교국으로 건설하는 것"이라고 말했다. 이승만은 앞으로 탄생할 '신대한'(新大韓)은 아시아 최초의 모범적인 기독교 국가라고 머리 속에 그리고 있었다. 오늘날 한국에서 기독교의 위상을 보면 그의 젊은 시절의 꿈은 어느 정도 이루어졌다고 본다.

## 일본 근대화에도 지대한 영향 미쳐

서양 선교사들은 한국뿐만 아니라 일본의 근대화에도 지대한 영향을 미쳤다. 일본에 기독교가 전파된 것은 1858년 미·일수호통상조약 체결 이후인데, 1859년 11월 미국 선교사 구이도 베르벡, 브라운, 시몬 등 6명이 개신교 선교사로서는 최초로 일본에 파송된 이래 1882년까지 209명의 선교사가 입국했다. 서양 선교사들은 일본에서 기독교 포교에는 별 성과를 나타내지 못했고, 대부분 교육 사업에 종사했다. 특히 베르벡은 막부를 무너뜨리고 메이지유신을 성공시킨 이토 히로부미(伊藤博文), 사이고 다카모리(西郷隆盛), 가쓰 가이슈(勝海舟), 오쿠보 도시미치(大久保利通), 소에지마 다네오미(副島種臣), 오쿠마 시게노부(大隈重信), 이와쿠라 도모미(岩倉具視),

도고 헤이하치로(東鄕平八郞) 등을 제자로 길러내 일본 근대화의 막후에서 결정적 역할을 했다.

이토 히로부미는 메이지 헌법의 초안을 만들었고, 가쓰 가이슈는 일본 해군 근대화의 주인공, 오쿠보 도시미치는 일본 경제의 급속한 성장을 위해 기술학교를 설립하고 민간기업 육성에 앞장섰다. 이와쿠라 도모미는 48명의 정부 주요인사들로 구성된 사절단을 이끌고 미국 및 유럽 국가들을 순방하여 서구 선진문명을 받아들였고, 도고 헤이하치로는 러일전쟁 당시 대한해협에서 러시아 발틱함대에 대승을 거두어 일본을 세계적인 강국으로 부상시킨 인물이다.

일본은 메이지 유신을 통해 국력을 축적하여 한국을 침탈했으니 미국 선교사들이 동양에서 수행한 역할이 국가별로 볼 때는 참으로 야릇한 운명을 가져온 것 같다.

## 참고문헌


엘리자베스 언더우드 지음·변창욱 옮김, 『언더우드 후손이 쓴 한국의 선교역사 1884~1934』, 도서출판 케노시스, 2013.

김낙환, 『아펜젤러 행전 1885~1902』, 청미디어, 2014.

김낙환, 『우남 이승만 신앙연구』, 청미디어, 2012.

윤성렬, 『도포입고 ABC 갓 쓰고 맨손체조』, 학민사, 2004.

연세대학교 의과대학, 『의학백년 기념화보』 제1집, 1985.

김학은, 『이승만과 마사리크』, 북앤피플, 2013.

# 두 번째 선물

•

"대한민국! 탄생을 축하해!"

자유의 역사를 시작하다

# 대한민국에 자유민주체제를 만들어 세우다
## – 이승만의 건국혁명과 역사적 의미

**김광동**
나라정책연구원장

## 한국 자유민주의 예외적 성공

### 늦어진 근대(近代), 연속된 식민(植民)

지금부터 140년 전인 1870년대까지 대한민국은 전형적인 봉건왕조체제였다. 봉건왕조인 조선사회는 비참함 그 자체였다. 관직을 가진 극소수의 벼슬아치들 세상이었다. 벼슬길이 끊긴 사람들이나 대부분의 일반 상민과 노비, 그리고 여성들은 억압적 상황에서 힘겨운 노동에 나서야 했다. 그들의 강요된 노동으로 버텨나가는 전형적인 폐쇄형 착취 사회였다.

서기 1500년의 백성의 삶이나, 그로부터 무려 2백 년이 지난 1700년이나, 또 다시 백 년이 지난 1800년 조선의 삶이나 차이가 없었다. 평균 수명도 비슷했고, 영양 상태도 차이가 없었고, 모든 삶의 수준도 비슷했다. 계급적 신분사회라는 구조도 비슷했고 극소수를 제외하면 일반인이 교육을 받을 기회도 없었다. 여성들은 감히 나다니지도 못했고, 기독교를 선택한 수많은 사람들은 목숨을 잃어야 했다.

권력은 왕조의 세습을 통해 물려받았고, 왕과 그 친척을 제외한다면 주요 공직에 진출한 이들이나 그 주변에 있는 자들만이 권력과 자원을 전횡하며 사용하였다. 탈출구를 찾거나 다른 대안을 모색해야 했던 백성들은 외국인을 만나는 것도 금지되었고 무역을 통해 필요한 것을 교환할 권리조차 박탈당했다. 더구나 몇백 년간 명나라와 청나라로 이어진 중국의 황제체제는 조선에게 무시무시한 상전(上典)이자 군림하는 최상위 권력이었다. 중국을 받드는 것 외에는 상상할 수 없었고 사상적으로도 자주 독립국가는 감히 꿈에도 생각하지 못했다. 자유와 민주, 그리고 독립국이라는 사고가 금기되었고 누가 중국에 더 충성하는가를 경쟁하던 시대였다. 그렇기에 극도의 폐쇄체제에서 외교와 국방은 중국에 의존해야 했고 외국과 문제가 생기면 중국에 보고하기 바빴다. 중국의 변방 속국의 신세임을 부정하려 하지 않았고 조선의 왕들은 중국 황제에게 복종하며, 그 뜻을 받들고 지위를 보전해야 했다.

적어도 140년 전까지는 세계적 차원에서 진행되던 근대(modernity)의 모습을 찾기 어려웠다. 산업혁명과 개방사회, 그리고 민족국가적 자주독립(independence)의 모습을 조선에서는 볼 수 없었다. 몇백 년간 꿈쩍도 안하던 봉건적 조선의 극도의 폐쇄와 전근대적 사회가 변화를 모색하기 시작한 것이 1870년대부터다. 강화도조약을 기점으로 개방체제를 지향하며 근대국가를 지향했고, 대한제국(大韓帝國)을 수립하여 근대체제를 강화하는 방향으로 나아갔지만 거기까지였다. 열강들이 좌우하는 식민체제로 휩쓸려 들어가야 했고, 결국 일본 군국식민체제의 일부로 편입되었다.

그러나 길게는 140년, 짧게는 70년 만에 대한민국은 완벽히 변화하였다. 세계의 어느 근대혁명도 한국에서 펼쳐진 근대혁명을 넘어설 만한 것은 없다. 봉건왕조체제가 지속되고, 일제 식민군국 시대를 살던 대한민국에 그렇게까지 온존하던 봉건체제는 거의 없다. 대한민국은 완벽하게 변신에 성공하였고, 오히려 세계적 민주제도와 첨단제품의 각축장이 되어있다. 세계인은 한국이 만든 자동차, 한국이 만든 스마트폰으로 생활하고 있으며, 한국 드라마와 음악을 보고 들으며 하루를 마친다. 언제 봉건왕조와 식민체제를 겪었는가를 의심할 정도다. 전근대적 삶과 폐쇄적 모습, 혹은 엄격한 신분제도와 여성의 사회활동 배제 등은 박물관이나 사극(史劇) 드라마에서나 느낄 수 있는 수준이다. 근대를 향하게 된 지 140년, 건국한지 70년이 채 안 되는 대한민국은 완벽한 성공적 변신의 종결판이라 할 만하다.

### 자유민주 질서의 예외적 성공

한국의 자유와 민주주의 수준은 세계적 수준으로 평가받는다. 이미 주변국가나 아시아국가 수준은 아니다. 늘 서유럽국가와 비교된다. 프리덤 하우스(Freedom House)의 시민자유와 정치권리 평가도 이미 1990년대부터는 안정적 자유와 민주주의가 유지되는 국가 그룹의 반열에 들어서 있다. 또한 2010년 영국의 EIU의 평가를 보면 민주주의 수준이 온전한 26개 국가들(full democracies)의 하나로 세계 20위의 평가를 받고 있다. 상위 20위 이내의 평가는 서구 유럽국가를 제외하고는 아시아, 남미, 아프리카 전체에서 한국이 유일했다.

정치자유 및 민주주의 수준에서 한국은 일본과 함께 서유럽 국가와 미국, 캐나다 등과 유사수준에 있는 몇 안 되는 나라이다.

한국의 자유민주 수준은 다른 영역에서도 나타난다. 예를 들면, 한국 사회만큼 종교적 선택에 제약을 받지 않는 나라도 드물다. 유교식 생활과 불교적 문화가 계속되고 있으면서도 천만 명이 훨씬 넘는 사람들이 기독교나 천주교와 같은 종교 활동을 한다. 이는 아시아는 물론 세계적으로도 찾아보기 어려운 현상으로, 한국에서는 그만큼 다양한 종교가 관용되고 존중되고 있다. 중국과 북한, 베트남 등 대부분의 아시아 국가들이 종교의 자유가 금지되는 상황이고, 일본의 기독교 인구가 불과 2% 전후이며 필리핀의 인구 대부분은 천주교를 믿는 것과도 커다란 차이가 있다. 또한 신분과 성(性)씨를 따지고 양반이나 상놈이냐를 따지던 한국 사회에서 더 이상 조상이 누구였나와 직업이 공무원이었느냐를 따지는 것은 의미가 없어졌다. 신분 없는 평등한 기회가 열렸고 수백 년간 기회구조를 좌지우지하던 조상과 부모는 힘을 잃었다.

다른 영역도 마찬가지다. 봉건제가 늦어진 나라나 신생독립국 중 한국만큼 개방 체제가 유지하는 나라도 없다. 무역

규모를 보면 과연 한국이 폐쇄적인 국가였던가를 느낄 수 없는 수준이 아니라, 세계 최고의 무역국가이다. 5천만의 인구를 가지고 세계 6위 규모의 무역국가가 되어 있다는 것은 한국인들이 수출할 수 있는 상품을 만들고 있다는 것이면서도 전 세계를 휘젓고 다니며 무역하고 있다는 뜻이다. 지구상에서 유럽지역의 중계무역국이기도 한 네덜란드(5위)와 함께 한국은 일인당 무역액수가 가장 많은 나라다. 전 세계에서 인구 당 외국을 방문하는 비율이나, 인구 당 유학생 비율 또한 세계 최고수준이다. 누구든 전 세계를 다 다니며 보고 평가할 수 있다는 것을 말하고 언제든지 더 나은 삶의 기회가 있는 곳으로 이주하여 살 수 있을 만큼 자유로운 이동과 거주이전이 열려있는 개방사회가 만들어진 것이다.

한국에서 정당과 지도자에 대한 선택도 이미 세계에서 가장 자유롭다. 2016년 1월 사우디아라비아에서 여성에 대한 선거권이 처음으로 주어진 것을 보거나, 주변 국가중 선거가 아직도 없는 나라가 숱하다. 중국이나 북한은 물론이고 아직까지 홍콩이나 베트남도 정상적 선거가 없다. 한국에서는 거의 70년 전부터 정착된 자유선거이지만, 주변의 많은 나라는 아직 가보지 못한 영역이다. 일방적 정당체제가 아니며 국민은 선택 가능한 구조가 열려 있다. 잘못된 정당에 대해서는 언제든 책임을 묻고 교체할 수 있는 몇 안 되는 나라다. 반복된 정권교체의 경험과 역사를 축적한 나라이다. 복수정당제가 뚜렷하고, 선거 때마다 정당간의 경쟁이 있으며, 유권자가 자유로이 선택할 수 있는 구조에 있다.

신생 민주국가중 한국 정치만큼 권력에 책임을 물을 수 있는 나라를 찾기도 힘들다. 먼저 근대화되었던 일본을 제외한다면, 한국이 얼마나 극도의 예외 국가인지를 알게 된다. 싱가포르나, 가장 민주주의가 발전했다는 인도와 비교해보면 한국의 민주주의가 얼마나 앞서있고 성숙되어 있는지를 알게 된다. 싱가포르에서는 초대수상인 리콴유가 만든 정당이 독점적 위치에서 모든 의석의 90% 이상을 점유하고 결코 다른 정당의 경쟁을 허용하지 않는다. 인도에서는 카스트라는 신분제도로 공무원을 할 수 있는 신분이 따로 있고, 다른 계급 간에는 결혼도 못한다. 초대 수상 네루와 그 딸과 딸의 직계들인 간디 수상의 정당과 인물로부터 벗어나기 어려운 수준이 계속되고 있다. 민주주의라는 인도에서 낮은 계급 사람들이 정치를 하고 선거에 출마한다는 것은 아직은 꿈에나 있는 상황이며, 나머지 중국이나 베트남이나 필리핀 등은 말할 필요조차 없다.

지난 140년간의 근대화와 대한민국 건국이래의 60여 년간 펼쳐진 한국의 변화를 보면 그것은 분명 혁명이었다. 극히 예외적 국가였고 남다른 성공 국가였다는 것을 확인하게 된다. 늦어진 근대화와 경험 없이 출발한 민주공화제적 신생독립국임에도 대한민국은 다른 길을 갔다. 그리고 성공적이고 모델이 될 만한 결과로 귀결되었다. 한국의 자유수준과 민주수준은 예외 중의 예외이다. 그것은 대한민국이 자유와 민주질서에서 세계적 성공을 가게된 것에는 시작부터 남달랐기 때문이다. 남다른 시작으로 일구어낸 60여 년의 역사로 만든 결과다.

## 1948년 건국 과정과 자유민주 질서 도입

**첫째, 민족사 최초의 자유민주 선거(1948. 5. 10)** 대한민국의 건국과정의 첫 단계는 국민을 대표하는 주권기관을 만드는 것으로 시작되었다. 국민대표자로 구성된 주권기관인 국회를 만들기 위한 대표자 선거가 1948년 5월 10일의 선거

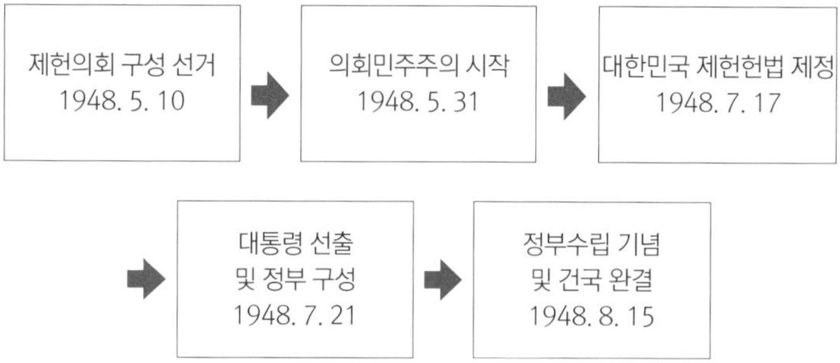


**대한민국 건국 과정**

였다. 전 아시아에서 자유민주적 보통선거는 일본만이 하고 있던 것이었다. 물론 유럽국가들도 여성에 대한 보통선거권은 영국을 제외한다면 대부분 부여되지 않은 상황이었다. 그럼에도 한국에서는 유럽수준을 넘어서는 자유민주적 선거를 도입하였고 이를 훌륭하면서도 성공적으로 완료시켰다. 그 결과 한반도에서 최초로 자유선거에 의한 국민대표자가 구성되어 '민주공화국'의 깃발을 들어 올렸다.

둘째, **의회민주주의 출범과 국회 개원(1948. 5. 31)** 한국에서 주권재민(主權在民)의 시작이자, 의회민주주의의 시작이다. 시민의 대표자가 선출되고 대표자들에 의한 통치가 시작된 것이다. 절대 왕권을 제약하기 시작한 영국의 마그나카르타나, 명예혁명 및 권리선언으로부터 본다면 무려 700년,

300년이 뒤처진 결과다. 로마의 공화제가 아닌 최초의 근대적 공화제가 시작된 네덜란드 공화국이 시작된 1581년으로부터 보면 약 360년의 차이가 있었다. 이승만은 초대 국회의장으로 선출되어 의회민주주의 출범에서 주도적 역할을 하였다. 비록 늦게 출범했지만 한국의 의회민주주의는 대단한 성공이었다. 1948년 제주도 남로당 주도의 폭동으로 2곳에서 선출되지 못한 것을 제외하고 198명으로 시작된 커다란 의회민주주의는 법치와 민주주의, 그리고 주권재민의 상징으로 그 역할을 하고 있다.

셋째, 제헌 헌법의 제정(1948. 7. 17) 대한민국의 헌법은 제헌 의회가 만든 첫 작품이다. 국민으로부터 직접 선출된 대표가 만든 최초의 법이기도 하다. 그 헌법을 통해 민주적 법치주의가 한반도에서 본격적으로 시작되었다. 헌법 제1조는 "대한민국은 민주공화국이다"로 규정했고, 제2조는 "대한민국의 주권은 국민에게 있고 모든 권력은 국민으로부터 나온다"는 것으로 비로소 대한민국에서 국민 주권시대를 열었다. 그러나 한계도 있었다. "중요한 운수, 통신, 금융, 보험, 전기, 수리, 수도, 가스 및 공공성을 가진 기업은 국영 또는 공영으로 한다"와 "대외무역은 국가의 통제하에 둔다"(제87조) 등이 그것이다. 군국주의를 해체하고 공산주의와 대결하는 상황에서 맞이한 신생독립국가의 현실에서 전면적인 자유 시장경제로의 진출까지는 나아가지는 못했던 것이다.

넷째, **대통령 선출과 내각 구성**(1948. 7. 21) 자유선거를 통한 민주의회 출범과 동시에 제정된 헌법에 따라 정부구성에 들어갔다. 첫 대통령은 국민대표인 국회의원에 의한 간선제를 선택하고 초대 대통령으로 이승만이 4년 임기로 선출되었다. 이승만은 곧이어 정부내각을 구성하였다. 내각 구성을 보더라도 대한민국은 민족정부가 수립되었다. 항일투쟁의 주축이던 신익희 국회의장과 김병로 대법원장, 이시영 부통령이 이승만에 이은 3부 주요요인이 된 것은 물론이고 국무총리 겸 국방장관 이범석, 외무장관 장택상, 내무장관 윤치영, 법무장관 이인, 문교장관 안호상과 감찰위원장 정인보와 무임소장관 이윤영에 이르기까지 대한민국 초대 정부는 민족역량이 총결집된 민족지도자들로 구성되었다.

다섯째, **정부수립 기념과 건국 완성**(1948. 8. 15) 자유민주적 선거와 국민 대표기관인 국회 개원과 헌법 제정, 그리고 헌법 절차에 따른 대통령과 내각구성으로 대한민국 정부는 출범할 수 있었다. 1948년 8월 15일 일본 제국이 패망된

지 꼭 3년 만에 서울 중앙청 앞에서 대한민국 정부 수립 기념식을 개최하였다. 정부수립 기념식을 통해, 대한민국 건국(建國)은 종결된 것이다. 대한민국은 건국하며 나머지 한반도 북부까지 근대적이고 자유민주적인 대한민국 체제를 확산시킬 것을 결의하고, 국회의석 100석을 남겨놓기도 했다. 국제체제적으로는 1947년 11월 유엔에서 대한민국 건국을 위한 총선 실시가 결의되었으며, 1948년 12월 12일 유엔에 의해 대한민국이 한반도의 유일한 합법정부로 승인받아 국제사회의 일원으로 참여하고 있다. 국제사회와 유엔이 승인하고 지지하지 않는 국가였다면 한국은 끊임없는 불안정과 공산제국의 도전 앞에 조금씩, 조금씩 허물어져갔을 것이고 동아시아 대륙 끝에 유일하게 붙어있던 자유민주제도는 버티지 못하고 사라졌을 것이다.

1948년 대한민국 건국은 자유혁명이고, 민주주의 혁명(Revolution)이었다. 건국을 통해 한국에는 확고한 자유민주체제의 원형(prototype)이 깊게 형성되었다. 정통성 논쟁도 없고 자유의 제한이나 민주원리가 확고히 지켜졌다. 그 결과, 자유민주 혁명 이후에 한국에서는 (i) 선거권을 요구하는 투쟁, (ii) 신분제를 철폐하고 기회균등을 달라는 투쟁, (iii) 복수정

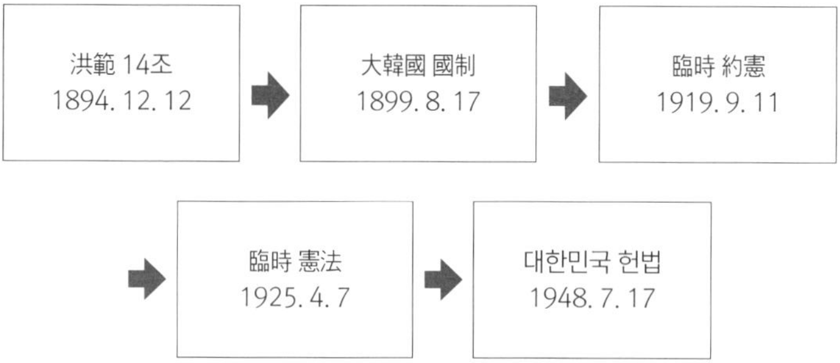


**한국 자유민주의 기원과 연속성**

당제 도입과 정당선택권을 달라는 투쟁, (iv) 참정권을 포함한 여성 권리를 확대하라는 투쟁, (v) 종교의 자유를 달라는 투쟁 등이 없었다. 그만큼 혁명적 자유민주체제가 출범 이후 단기간에 깊게 뿌리내리고 성숙됐기에, 건국으로 만들어진 질서는 자유민주체제의 모델이 되었으며 강력한 근간이 되어 6·25라는 전쟁 중에도 3차례의 전국선거를 성공적으로 치러냈었다.

세계 어느 신생독립국도 한국만큼 완벽한 절차와 자유선택이란 민주적 의사결집으로 만들어진 나라가 없다. 그렇기 때문에 한국의 자유민주주의는 짧은 시간에 세계적 수준으로 견고하게 성숙될 수 있었고, '자유'와 '민주'를 달라는 것은 없었고 '못살겠다'는 것으로 민족의 역량이 모아질 수 있었다. 그 결과 국가과제를 근대적 산업화(産業化)체제로 전환시키고, 또 다른 산업국가 모델의 성공을 만들 수 있었다.

대한민국이 헌법 제1조로 "대한민국은 민주공화국이다"와 제2조에서 "대한민국의 주권은 국민에게 있고 모든 권력은 국민으로부터 나온다"라고 했던 것은 봉건제를 종결 짓고 식민제를 벗어나는 과정을 통해 정립되었다. 홍범 14조의 제6조에는 "인민으로부터의 출세(出稅)는 모두 법령이 정한 세율로 해야 하고 임의로 명목을 더하여 징수하거나 남행할 수 없다"는 내용이나 제13조 "민법과 형법을 엄명하게 제정하고 감금, 징벌의 남행(濫行)을 할 수 없게 하여 인민의 생명과 재산을 보전한다"고 공표하였다. 자연권에 기반한 존 로크(Locke)적 근대 자유민주사상이 토대하기 시작했다는 것을 알 수 있으며, 이는 영국의 권리장전(1689)이나 미국의 권리선언(1776)의 연장선에 있는 것이기도 하다.

민주공화제적 질서는 고종에 의한 대한제국 선언 이후 전제군주권을 전제로 했지만, 1899년 대한국 국제(大韓國 國制)로 나아갔으며, 드디어 1919년 3·1운동이후에는 왕조제를 넘어서는 민주제에 입각한 '대한민국'체제로 귀결되었다. 물론 근대적 민주공화제의 도입은 일본에서 진행된 천황제에

| | | | |
|---|---|---|---|
| 대한민국: 17표 | 고려공화국: 7표 | 조선공화국: 2표 | 한국 : 1표 |

**대한민국 국호의 탄생**

근거한 의회민주주의제(1899)와 보통선거제도 등에서 영향 받았고, 1911년 중국의 신해혁명(1911) 및 중화민국(1925)의 출범에서 보듯 아시아 전반의 변화와 맥락을 같이 하는 것이었다. 봉건왕조제를 폐기하고 민주공화제를 지향하며 국호를 대한민국으로 칭하기 시작한 것은 1919년 임시정부부터였다. 상해 임시정부의 헌장과 임시헌법은 "대한민국은 민주공화제로 함(제1조)", 임시의회 격인 "의정원의 결의에 의해 통치"된다는 것, 그리고 "인민은 자유를 향유하고 선거권과 피선거권이 있다는 것과 재산권이 있다"는 것을 분명히 한다. 비록 선언적이지만 건국이후 만들어질 한국 자유민주체제의 커다란 진전이자 민족적 합의였다. 그리고 그 연장선에서 1948년 대한민국의 자유민주질서를 근간으로 하는 헌법이 완결되었다.

대한민국이란 국호(國號)는 제헌의회의 표결 결과이며, 원래 결정되어 있던 것이 아니다. 국민이 직접 선출한 대표기관인 국회에서의 논의 중 다수안이 대한민국이었다. 물론 대한이란 국호가 사용된 것은 1897년 '대한제국(大韓帝國)'을 선포하면서 부터이고, 이것을 받아 1919년 3·1운동을 계기로 더 이상 왕조체제가 가지 않고 공화국체제를 만들겠다는 민족적 의지가 모여져 그 후부터는 '대한민국(大韓民國)' 임시정부라는 표현을 썼다. 국민 95.5%가 참여해 선출한 198명으로 구성되었으며, 1948년 개원한 제헌의회에서 헌법을 만들기 위해 '헌법기초위원회'를 5월 31일 발족하였다. 헌법기초위원회는 새로 독립한 국가의 국호를 어떻게 할 것인가를 토론을 거쳐 격론 끝에 6월 7일 표결에서 최다수 표를 얻은 '대한민국'이 국호로 선택되고 7월 17일 헌법 제정이 결의되면서 확정되었다.

대한민국이라는 국호로 결정되기 이전, 우리나라는 거의 '조선'이란 명칭을 사용해왔고 '국민(國民)'대신 '인민(人民)'이 보편적으로 사용되었다. 1947년 '조선임시약헌'이나 '남조선과도입법의원'도 대부분 조선과 인민이다. 헌법 초안도 모두 '조선'이란 국호를 사용하였고 가끔 '한국'이란 명칭도 사용되는 수준이었고 거의 모든 헌법 초안에서는 '인민(人民)으로 표현되어 있다. 그럼에도 이승만 국회의장의 자격으로 제헌 헌법을 진두지휘한 이후 국호가 대한민국과 인민대신 국민으로 결정된 것은 두 가지 의미를 지닌 것이다.

첫째는 대한민국이 갈 길은 봉건적 조선이나 실패한 조선의 길은 아니라는 것이다. 비록 군주제에 기반한 것이지만 근대를 지향했던 대한제국의 의지를 계승하여 근대적 독립국가의 길을 가겠다는 의미다. 둘째는 1919년 대한민국 임시정부의 법통을 계승하겠다는 의지의 표현이다. 물론 이승만은 대한민국 임시정부에서 초대 대통령에 추대되었기 때문에 건국 이후 초대 대통령으로서의 이승만은 국호(國號)로서의 대한민국과 체제로서의 민주공화제(民主共和制)의 지속성과 완결성을 확립하는데 주도적 역할을 하였다.

## 자유민주질서 형성과 이승만의 투쟁

이승만은 연속된 세 개의 혁명을 주도한 세기적 인물이었다. 첫째는 반봉건혁명이고, 둘째는 반식민혁명이고, 셋째는 반공산, 반전체주의 혁명이었다. 그리고 그 결과가 대한민국의 건국이고, 대한민국 자유민주체제의 확립과 성공적 정착이다.

봉건조선에서 태어나 일본 식민시대를 겪어야했던 이승만에게 민주주의는 꿈이었다. 이승만은 봉건주의, 군국주의, 공산주의라는 세 개의 반민주, 반자유적 체제를 넘어서야 했고, 그 때 비로소 자유민주 대한민국의 길이 열릴 수 있었다. 이승만의 일차적 꿈의 실현은 1919년 대한민국 임시정부의 수립으로 나타났다. 조선이 '대한제국'(1897)으로 근대를 지향

| 봉건왕조체제 | 식민군국체제 | 공산전체체제 |
|---|---|---|
| ➡ 1905 | ➡ 1945 | ➡ 1965 |
| 이승만(1875-1965): 자유민주 투쟁 | | |
| 독립협회, 만민공동회<br>독립정신<br>종신형과 5년 7개월 | 임시정부, 외교위원회<br>Japan Inside Out<br>미국, 대일본전쟁 참전 | 반탁, 6·25전쟁, 반공주의<br>제헌헌법, 제헌의회<br>미국, 유엔, 6·25 참전 |

**봉건질서의 종식과 공화제의 형성**

했고, 임시 정부체제이지만 '대한민국'(1919)을 분명히 한 것은 근대적 서유럽 및 미국적 민주공화제의 첫걸음이었다. 이승만이 반문명적 봉건을 극복하기 위해 상투를 자르고, '협성회보' '매일신문' '제국신문' 활동을 하며, '독립협회'와 '독립신문', '만민공동회' 활동과 『독립정신』을 쓴 것은 근대 자유민주주의 체제를 향한 그의 간절함을 보여준다. 서재필, 이상재, 주시경, 남궁억, 윤치호, 양기탁, 민영환 등과 함께 활동하고 헐버트(Homer Hulbert) 박사, 애비슨(Oliver R. Avison) 박사, 아펜젤러(Henry G. Appenzeller) 박사, 셔먼(Harry Scherman) 박사 등과 함께 한 것은 개인의 자유와 공동체적 민주체제를 만들기 위한 그의 활동을 알 수 있게 한다.

이승만이 근대 민주공화체제를 설명하기 위해 쓴 『독립정신』에는 군주제와 신분제로 상징되는 봉건체제를 타파하고 근대국가를 세우려는 그의 사상이 잘 드러나 있으며, 이는 당대 누구보다도 앞서 있었고 실천적이었다. 결국 봉건왕조 조선을 넘어 근대체제를 만들기 위해 고종폐위 사건에 연루되어 종신형(1899)을 선고 받고 5년 7개월의 감옥생활을 해야 했던 것은 조선인으로서 가장 폐쇄 조선적 봉건왕조체제에 맞서, 근대 자유민주체제를 만들어내기 위한 그의 헌신과 희생을 상징적으로 보여준 것이기도 하다.

### 제2차대전 종결과 자유민주의 길

일본 식민체제의 종결이 한반도에 자유민주체제를 가져다 줄 수는 없었다. 오히려 펼쳐진 길은 공산주의의 길이었다. 소련 공산주의는 눈앞에 광범위하게 펼쳐지고 있었고, 미국과 서유럽은 너무 멀었다. 그리고 자유민주체제란 가보지도 않은 길이었고 경험도 없었다. 미국과 소련의 한반도 분할점령과 소련과 미국이 함께하는 신탁통치체제는 한반도 전체가 공산주의로 넘어갈 가능성이 매우 높았다. 소련이 일본패망 6일을 남겨놓고 일본에 대한 선전포고와 함께 뒤늦게 참전하게 된 것은 1905년 러시아가 일본에 패배함으로써 포기했던 동아시아에서의 이권을 되찾는 것을 의미했다. 사실상 한반도에 소비에트체제가 형성될 가능성이 높았다. 실제로 소련은 중국, 북한과 몽고 등을 모두 소비에트 공산주의체제로 만들었다. 또 다른 제국주의였다. 일본이 만주는 물론이고, 1937년 중국 주요지역을 점령하고 아시아전역에 대한 지배체제를 확고히 할 목적으로 결국 1941년부터 미국과 전쟁에 돌입했지만 공산주의 소련은 군국주의 일본과 협력 체제를 굳건히 했다.

일본이 패망하더라도 공산주의가 다시 대한민국의 운명을 좌우한다면 그것은 일본 군국주의에서 소련 공산주의로 탈바꿈하는 것 이외에는 어떤 의미도 없었다. 대한민국이 문명개화로 나아가지 못한 것에는 중국이 대한민국의 운명을 좌지우지하고 있고 중국체제의 일환으로 남아있어야 했기 때문임을 누구보다 먼저 깨달았던 이승만은 공산주의체제가 한반도로 확산되는 것을 막아내야 한다는 생각을 다시금 가다듬었다. 공산소비에트가 참여하는 대한민국은 자유민주의 길로 갈 수 없었다. 1941년 여름 「Japan Inside Out」 제15장에서 당면한 세계사적 과제를 민주주의 대 전체주의(Democracy Versus Totalitarianism)으로 규정짓고, 전체주의와의 대결에서 민주주의가 승리할 때 자유도, 민주도, 평화도, 독립도 가능하다는 확신은 미국이 가야할 길은 물론이고, 대한민국이 가야할 길을 밝힌 것이기도 하다.

이승만이 김구와 함께 공산주의에 확고하게 맞섰던 것은 공산주의가 일본 군국주의만큼 자유민주라는 기본질서에 반하는 체제임을 누구보다 확고히 알고 있었기 때문이다. 그렇기에 이승만은 대한민국의 운명에 소련이 참여하는 신탁통치안을 명백히 반대하였다. 소련이 한반도에 영향을 미치게 되면 대한민국은 미국이나 서유럽적 자유민주질서가 뿌리내리는 것이 아니라 전체주의가 뿌리내리게 될 것이기 때문이다. 결국 미국의 반대도 뿌리치고 미국과 소련이 합의하여 한국을 과도적으로 통치하는 신탁통치(信託統治)안을 무산시키고, 공산주의와의 좌우합작(左右合作)안을 거부할 수 있게 된 것은 이승만의 결단과 지도력이었다. 대한민국이 다른 나라처럼 인도나 미얀마와 같은 사회주의로 가거나, 중국이나 북한, 베트남처럼 공산주의로 갔다면 그 결과는 오늘의 대한민국이 아니었다. 대한민국이 성공한 자유민주국가로 세계사에 우뚝 설 수 있었던 것은 바로 공산주의라는 또 다른 제국주의이자, 전체주의로 가지 않았다는 위대한 지도력의 결과이고, 그런 민족적 지도력의 중심에는 이승만의 혜안과 투쟁이 있었던 것이다.

### 자유민주적 통일국가를 향한 투쟁

이승만의 자유민주투쟁의 또 다른 핵심은 도입한 민주주의를 지키기 위한 공산주의와의 투쟁이다. 신생독립국의 지도자가 1917년 러시아에서 시작된 공산주의의 본질을 알기는 어려웠다. 더구나 공산주의는 봉건체제에 맞서서는 '계급 없는 세상'을 선전하였고, 식민지 민족을 대상으로는 '자주독립'활동을 지원하였기에 그 체제에 대해 우호적이거나 체제의 본질을 이해하지 못하였다. 그것이 계급 없는 세상을 말하며 일당 및 일인 전체주의이고 모든 사람의 재산을 빼앗고 노예화시키는 것이고, 국제적으로는 소련을 중심으로 한 공산제국주의임을 알기 어려웠다. 소련이 참여하는 신탁통치를 막아내고, 미국이 주도하는 좌우합작까지 거부하며 자유민주체제를 만들어낼 수 있었던 것은 공산주의로 휩쓸려 들어가서는 안 된다는 이승만 지도력의 결과이다. 이승만은 민주주의를 지키기 위해서 공산주의에 승리해야 하지만, 공산전체주의를 해방시키고 광복시키는 것이 자유민주적 대한민국의 과제라고 보았다.

이승만은 공산체제가 일본 군국주의보다도 더 전체주의라는 것을 명확히 인식했다. 공산체제는 민주는 말할 것도 없고, 자유도 없고, 재산도 없는 체제였다. 공산전체주의와 싸우고 승리하지 않으면 민주주의를 지킬 수 없다는 것을 분명히 했다. 따라서 이승만에게 공산주의 치하의 북한은 자유와 민주가 상실된 제국주의에게 빼앗긴 실지(失地)였고 실지회복은 민족적 과제로 설정하고 추진하였다. 북한의 우리 민족을 해방시키고 광복시켜야 한다는 과제를 일관되게 추진하였다. 북한을 포함한 한반도 전역까지 자유민주체제로 가게 한다는 것은 자유민주체제를 만든 지도자의 당연한 목표였다. 1949년 8월 15일 대한민국 독립 1주년 기념의 구호는 "한번 뭉쳐 민국수립, 다시 뭉쳐 실지회복"이었다. 70년 가까이 지난 2016년 2월 16일에 박근혜대통령이 밝힌 "지금 우리가 누리고 있는 자유와 인권, 번영의 과실을 북녘 땅의 주민들도 함께 누리도록 해 나갈 것"이라는 선언은 이승만의 최대 꿈이자, 민족적 과제였던 것이다.

마찬가지로 이승만은 공산전체주의의 확산을 막기 위해 1948년 국가보안법을 만들어 공산체제로부터 흔들리는 대한민국을 지켜낼 기반을 만들었다. '한강의 기적'도 국가보안법으로 자유민주체제가 지켜졌기에 가능한 것이었다. 미국과의 동맹으로 자유민주체제를 지켜냈다. 마찬가지로, 삼권분립과 함께 사법부도 체제수호의 최전선에 섰다. 예를 들면, 법원도 공산주의를 용납하지 않는 항일(抗日)지사이자 확고한 반공주의를 견지한 김병로가 맡았었다. 건국이후 9년 4개월 재직한 김병로는 "무도한 소련과 중공이 우리 북한 지역을 식민지화하고 북한 동포를 노예로 구사(驅使)할 뿐만 아니라…적의 행동은 우리 헌법에 기본하는 영토주권과 국민주권을 유린하는 것이며 국제연합 헌장의 기본 원칙을 파괴하는 것"임을 분명히 했다. 이승만의 행정부나 신익희 국회의장의 입법부와 함께 사법부가 주도하여 한국의 확고한 반공체제를 지켜내는 역할을 맡았던 것이다.

## 이승만과 한국의 자유민주체제

근대적 자유민주체제가 일찍부터 뿌리내리기 시작한 10여 개의 미국과 서유럽국가를 제외한다면 한국의 자유민주체제의 성공적 정착과 성숙은 놀랍고 세계가 경탄하는 것이다. 특히 봉건제와 식민제, 공산체제라는 거대한 유산과 주변 환경을 극복하고 만들어낸 자유민주체제이기에 더욱 위대한 것이다. 한국 민주주의 성공은 봉건체제의 극복과 식민제국 및 공산전체주의의 거부라는 일관된 문명사적 방향으로 일관했기 때문이다. 자유민주가 성숙되지 못한 대부분의 나라들은 식민상태를 벗어나면 그것이 곧 독립을 의미하는 것으로 잘

못 이해하고 다시 봉건체제로 돌아가기도 했고, 민족주의를 내세워 서구체제와 대결하는 것이 곧 독립이라는 오도된 방향으로 나아가기도 했다. 더구나 소련과 중국 주변의 대부분의 국가는 공산주의로 가는 것이 민족적이고 인민적이라는 선전에 따라 실제 공산주의의 길을 만들기도 했었다.

이승만이 펼친 투쟁역사는 봉건왕조를 대상으로 한 반봉건 혁명투쟁이었고, 식민제국과 맞선 반식민-반제국 혁명투쟁이었으며, 공산전체체제와 맞선 반공산-반전체주의 혁명투쟁의 연속이었다. 그랬기에 박정희 대통령은 이승만을 "역사를 헤치고 나타나, 자기 몸소 역사를 짓고, 또 역사위에 숱한 교훈을 남기고 가진 조국근대의 상징적 존재"라고 평가하였다. 지난 140년간의 근대화 과정과 70년의 대한민국 역사를 평가할 때, 오늘 2016년의 대한민국을 내다보며 지도자적 역할을 한 사람을 찾기가 쉽지 않다. 개별 사건과 시대적 과제에 따라 옳은 길을 걸은 지도자들은 다수 있지만, 일관되게 90년 생애 전반에 걸쳐 근대문명화와 자유민주체제를 만든 인물은 이승만을 제외하고는 찾기 어렵다. 우리 민족에서 자유민주라는 보편적 가치와 실체적 질서를 한반도에서 만들어낼 구상을 갖고, 일관되게 대한민국을 만들고 건설하고자 했던 것은 역시 선구자이자 혁명가인 이승만에게만 적용할 수 있는 평가이다.

결론적으로 한국의 자유민주체제는 크게 세계의 체제를 극복하거나 넘어서면서 만들어지고 성숙된 것이다. 이승만은 서재필, 이상재, 남궁억선생 등과 '독립협회'와 '만민공동회' 활동 등을 통해 봉건왕조제를 폐지하고 공화제를 만드는 투쟁에 나섰고 가장 헌신적이고 적극적 투쟁을 한 반봉건혁명가의 하나이다. 둘째로 이승만은 김구 등과 함께 반식민, 반제국주의투쟁의 최전선에 있었다. 임시정부 초대대통령과 해방이후 첫 대통령의 영예도 그 결과로 주어진 것이다. 셋째로 이승만은 공산전체주의와의 투쟁의 최선봉에 섰고 세계 반공연맹을 이끌었다. 북한을 광복을 맞이하지 못한 실지(失地)로 규정짓고 실지회복 투쟁에 나선 가장 열혈 투사이자 세계 반공주의 지도자이다. 이러한 결과로, 대한민국은 늦게까지 봉건왕조가 계속되고 군국체제와 공산주의라는 전체주의를 겪었으며, 냉전시대에 남다른 열전(熱戰)을 치루면서도 자유민주주의가 성숙한 세계적 모델국가의 반열에 오를 수 있었다.

# 세 번째 선물

•

"내 집 지키는 것보다 더 중요한 게 있나"

한미동맹으로 흔들림 없는 안보의 기틀을 놓다

# 한·미상호방위조약
## –'자손만대 복을 누릴지니…'

**권혁철**
자유기업원 자유기업센터 소장

"한·미상호방위조약이 성립됨으로써 우리는 앞으로 여러 세대에 걸쳐 많은 혜택을 보게 될 것이다. 이 조약이 있기 때문에 우리는 앞으로 번영을 누릴 것이다. 한국과 미국의 이번 공동조치는 외부 침략으로부터 우리를 보호함으로써 우리의 안보를 확보해줄 것이다."

한·미상호방위조약 체결을 앞두고 발표했던 이승만 대통령의 성명서 내용 중 일부이다. 이 성명서의 내용만큼 한·미상호방위조약의 의미를 더 잘 표현하는 것은 없는 듯하다. 지금 북한이 핵을 개발하고 미사일을 발사하면서 위협을 해대는 상황에서도 우리가 어떤 생활을 하고 있는지를 생각한다면, 한·미상호방위조약의 의미를 피부로 느끼지 않을 수 없을 것이다.

또한 이 성명서의 내용은 이승만 대통령이 왜 한·미상호방위조약 체결에 그토록 끈질긴 노력을 기울였는지 그 이유도 잘 보여주고 있다. 이승만은 대한민국의 번영이 튼튼한 안보 위에서만 가능하며, 그 안보의 핵심은 세계 최강대국 미국과 함께 가는 것이라고 보았다. 60여 년 전 한 지도자의 혜안(慧眼)과 처절한 노력이 오늘날 대한민국의 번영과 자유를 이룩하게 한 초석이 된 것이다.

"나는 헌법을 준수하고 국가를 보위하며…"로 시작되는 대통령 취임선서에서도 볼 수 있듯이, 국가 원수로서 대통령의 제일(第一)의 책임과 의무는 국가의 보위이다. 끊임없는 침략을 받아왔던 우리의 역사를 볼 때 60여 년 간이나 외적의 침략을 당하지 않고 살아왔다는 것은 극히 이례적이라 할 수 있다. 이렇게 장기간 평화롭고 자유롭게 살아갈 수 있었던 터전을 마련한 이승만 대통령은 대통령으로서의 책임과 의무 이행에 최선의 노력을 기울인 대통령이었으며, 그 효과의 크기는 역대 그 어느 대통령이 한 것과 비교할 수 없을 정도로 크다.

한·미상호방위조약은 휴전에 결사반대했던 이승만이 휴전 수락 조건으로 제기하여 받아 낸 것이다. 따라서 한·미상호방위조약에 대해 이야기하기 위해서는 우선 휴전과 관련된 이야기를 하는 것이 순서일 것이다.

1950년 6월 25일 북한의 남침으로 시작된 6·25 전쟁은 발발 3일 만에 서울이 함락되는 등 초기에는 대한민국이 일방적으로 밀리기만 했었다. 그럴 수밖에 없었던 것이 비교도 안 되는 남북 군사력의 열세 때문이었다. 남정욱 교수는 그 상황을 "전쟁이 아닌 어떤 침략"이라고 표현하면서 이렇게 설명하고 있다. "6·25는 개전 초기 '전쟁'이 아니었다. 미국이 참전을 확정짓고 한반도에 다시 진입하기 전까지 6·25는 일방적인 '침략'이었다."

미군과 유엔군의 참전, 그리고 인천상륙작전으로 전세를 역전시켜 한반도 통일을 눈앞에 바라보기도 했었으나, 중공군의 참전으로 다시 밀려 수도 서울을 다시 한 번 내주는 상황도 있었다. 평택과 안성을 잇는 37도선까지 후퇴했고, 미국은 한국 정부를 제주도나 사모아로 옮길 것까지도 검토했다. 이승만은 절대 떠나지 않을 것이며 또한 절대 물러서지 않을 것임을 천명했다. 이승만의 확고한 의지에 감격한 리지웨이 유엔군 사령관은 "나는 여기에 머물기 위해 왔다"는 말로 더 이상 후퇴하지 않겠다는 의지를 밝혔다.

그 후 38도선을 중심으로 공방전이 계속되었지만, 인명피해만 계속될 뿐 어느 누구도 확실한 승기를 잡을 수 없었다. 미국 등 유엔 참전국들은 중공군의 개입으로 한반도에서 군사적 승리가 불가능하다는 판단을 내리고 어떻게 하면 명분 있는 휴전을 할 수 있을까를 고민하게 되었다.[1] 끝도 잘 보이지 않는 전쟁에 미국을 비롯한 유엔 참전국들의 여론도 부정적으로 변해갔다. 민주주의 사회에서 국내 여론의 악화는 정치인들로서는 외면할 수 없는 크나큰 압력이다.

휴전에 반대하는 인물은 단 한 사람 이승만 뿐이었다. 이승만은 1952년 전미(全美) 시장(市長) 회의에서의 녹음 연설에서 이렇게 말했다. "공산 침략은 우리가 그것을 패퇴시키거나 우리가 패퇴하던가 둘 중 하나이지 그 사이에 타협적인 해결책은 있을 수 없다… 90만이나 되는 공산군이 북한에 남

1 중공군의 참전에도 불구하고 압도적인 군사적 승리가 가능했었다고 보는 견해도 있다. 예를 들어 조이, 터너 (김홍열 역), 『공산주의자는 어떻게 협상하는가』, 한국해양전략연구소, 2003 참조.

게 된다면 그것은 공산 측의 승리"라고 주장했다. 그러면서 미국 등 유엔군이 빠지더라도 한국 단독으로라도 북진통일을 하겠다고 공언했다. 1953년 4월에는 휴전 반대 항의문을 트루먼 미국 대통령에게 보내면서 "만일 중공군을 북한에 둔 채 휴전한다면, 한국은 통일을 위해 단독으로 북진할 것이며, 그 경우 미군은 한반도에서 철수해도 좋지만 공군, 포병, 함포지원만은 계속해 줄 것"을 요구했다.

이승만은 서둘러 휴전을 하고 싶은 미국과 사사건건 충돌했다. 미국 언론은 이승만을 '칼을 품고 춤추는 늙은 고집쟁이'라는 등의 말로 비난했다. 휴전을 원하는 것은 유엔군 측만은 아니었고, 대한민국을 제외한 모든 관련 당사국들이 원하는 것이었다. 사정이 이러했기 때문에 이승만은 우방들의 지지를 얻지 못한 것은 물론 전 세계로부터 비난의 화살을 받아야만 했다.

이승만은 휴전이야말로 한국에 대한 사형집행 영장이자 분단의 고착화라는 사실을 잘 알고 있었다. 이런 사실을 잘 알고 있는 그로서는 휴전에 결사 반대할 수밖에 없었다. 이승만이 휴전에 결사반대한 이유는 다음과 같다. "자유와 공산주의는 반대되는 개념이다. 이 둘은 결합될 수 없다. 공산주의와의 타협은 불가능하다. 그것은 물과 기름을 혼합하려는 것과 다름없다. 판문점에서 시도되고 있는 휴전은 본질적으로 잘못된 것이다. 그 휴전은 세계를 양립할 수 없는 지역으로 갈라놓은 깊은 구조적 균열을 땜질하려는 시도이므로 온전한 해결책이 될 수 없다.”

휴전 제의는 6·25가 발발한 지 딱 1년 만인 1951년 6월 23일 유엔 주재 소련 대표인 야코브 말리크가 라디오 방송에서 했다. 말리크는 휴전회담 개최와 양군의 38도선으로부터의 철수를 제의했다. 말리크의 이 제의는 공식적으로 나온 첫 휴전 제의였지만, 이러한 식의 휴전이 될 것이라는 이야기는 이미 꽤나 나돌고 있었던 것 같다. 이승만은 이 말리크의 제의가 있기 전인 6월 11일 변영태 외무장관의 국회연설을 통해 ‘38선 휴전설’을 강력히 부인했으며, 양유찬 주미대사도 휴전이라는 타협은 유엔의 자살행위라고 주장했다. 이승만의 반대에도 불구하고 개성에서 휴전회담이 열렸고, 이후 판문점으로 장소를 옮겨 7월 10일부터 15일 간 진행되었다. 그 사이에도 전선에서는 전투가 계속되고 있었다.

미국의 이익을 위하고 자국 내에서의 여론의 압력에 시달리던 미국은 휴전을 강행해야했겠지만, 그럴 경우 단독으로라도 북진하겠다는 이승만이 큰 걸림돌이었다. 만일 이승만이 단독 북진한다면, 당연히 휴전은 깨지고, 미국은 다시 전쟁에 끌려 들어오지 않을 수 없었을 것이기 때문이다. 이승만의 북진통일 주장은 단순한 엄포가 아니라 정치적으로 상당히 고차원적인 여러 의미가 담긴 것이었다.

이렇듯 미국의 입장에서 휴전에 결사반대하고 있는 이승만은 큰 골칫거리였다. 이에 미국은 한 때 이승만을 제거하고자 했다. 1975년 8월 3일 「뉴욕 타임스」는 새로 분류된 기밀문서에 근거를 두고 아이젠하워 대통령과 덜레스 장관, 그리고 합동참모본부의 각 군 참모총장들이 이승만을 체포하고 남한을 다시 미군정 하에 두는 문제를 심각하게 고려 중이었다는 사실을 밝히는 기사를 실었다.

그러나 이 계획은 실행되지 않았고 미국은 다른 정책으로 선회한다. 그 이유는 반공주의의 상징인 이승만, 국민들의 절대적 지지를 받고 있는 이승만을 강압적으로 굴복시키거나 제거하는 것은 공산주의 세력과의 열전과 냉전이 공존하는 상황에서 미국으로서도 상당한 손실과 위험을 감수할 수밖에 없었기 때문이다. 이 때 미국이 택한 다른 정책이란 선거를 통해 미국에 유리하게 행동할 인물로 교체하는 것이었다. 미국은 1951년 후반기부터 이승만을 대체할 인물로 장면, 장택상, 김성수, 조병옥 등을 후보에 올려놓고 있었으며, 1952년 한국의 대통령 선거 때 이승만을 패퇴시키고 미국 측 의견을 잘 따르는 유화적인 인물을 당선시키면 휴전협정이 쉽게 성사될 것이라고 판단하고 있었다. 특히 장면은 38도선을 분단선으로 재설정하는 타협안을 받아들일 것으로 보였다. 또한 이승만의 국내에서의 입지, 특히 국회 내에서의 입지도 불안했다. 이런 상황에서 이승만이 택한 돌파구는 개헌을 통해 대통령 선출권을 국회에서 선출하는 간선제에서 국민들이 직접 선출하는 직선제로 바꾸는 것이었다. 물론 이것은 여러 정치적 의미를 갖는 것이기는 하지만, 이것은 그의 평소의 소신이기도 했다. 1948년 제헌헌법의 국회에서의 대통령 선출 방식에 그는 마지못해 찬성을 했던 것이다. 그는 국회 간선제에 동의하면서 '한국 국민이 충분한 능력을 갖추고 있음이 입증되면 반드시 선출 권한을 국민에게 돌려주어야 한다'는 단서를 붙이기도 했다. 6·25발발 이후 한국인들이 공산침략에 대항해 보여준 불굴의 저항정신을 그는 국민들이 국가 원수를 스스로 선택할 수 있는 국민의 권리와 능력의 충분한 증거라고 보았으며, 이를 근거로 개헌을 추진했던 것이다. 물론 이 과정에서 부산정치파동 등을 겪으며 '독재자'라는 비난을 국·내외로부터 듣게 되는 계기가 되었다.

이승만의 강경한 반대에도 불구하고 휴전과 분단 상태의 존속은 기정사실화된 결론이었고, 이에 대해 약소국 대통령인 이승만으로서는 어찌해 볼 도리가 없었다. 1952년 대선 승리 이후 이승만이 가장 큰 노력을 했던 것은 다름 아닌 북진통일이었지만, 이제는 자신의 핵심 목표가 달성되지 못하리라는 것을 인식하게 되었다. 유엔 참전국들은 자국 군대가 큰 희생을 치르지 않도록 하면서도 패배를 당해서는 안 되었기 때문에, 전진도 후퇴도 하지 않고 계속해서 전선을 유지시키고만 있었다. 이승만으로서는 이제 휴전협상이라고 하는 상황을 이용해 겉으로는 북진통일을 고집하면서도 속으로는 무엇을 얻어낼 수 있을 있을 것인가에 골몰하는 것이 최선의 선택이었다. 이승만이 선택한 것 중 가장 큰 것은 한·미상호방위조약의 체결이었다.

그러던 중 1952년 말 유엔총회는 인도 주도하에 이루어진 장기간의 토의 끝에 12월 3일 54:5의 표결로 남북한 양측에 억류되어 있는 포로들을 중립국 송환위원단에 넘길 것을 규정한 인도의 결의안을 채택하였다. 1953년 4월 20일부터 1주일 간 유엔 측은 5,800명, 공산측은 684명의 부상병 포로를 각기 송환했고, 이것이 끝나면서 4월 26일 전쟁의 단계적인 축소를 위한 움직임 속에 본격적인 휴전회담이 판문점에서 재개되었고, 양측 모두 합의에 도달할 준비를 갖추고 있었다.

1953년 6월 4일 판문점 협상에서 1952년 말 유엔에서 채택된 결의안에 포함된 방식을 근거로 모든 전쟁 포로의 교환에 관한 합의에 도달하였다. 한국에 중립국 감시위원단을 설치하고 인도의 장성에게 그 책임을 맡기도록 하였다. 그리고 다음과 같이 합의했다. "첫째, 양측은 송환을 원하는 모든 포로를 두 달 안에 송환한다. 둘째, 송환을 거부하는 포로를 보호하기 위해 비무장지대 안에 중립국 감시위원단을 설치하고 위원단과 포로를 인도군이 수비한다. 셋째, 송환 거부 포로에 대해 90일 간 본국 파견원이 설득하도록 한다."

이승만은 포로송환 협정에 관한 내용을 보고받고 대노했다. 2차 대전 종전 후 독일군에게 포로로 잡혔다가 송환된 소련군 병사들을 스탈린이 모두 숙청한 일이 있었다. 이 협정에 따라 귀환을 거부하는 반공포로들을 억지로 돌려보낼 경우 그들이 희생될 것은 불을 보듯 뻔한 일이었다. 게다가 반공포로들을 관리할 중립국 인도가 친북한인 것도 큰 문제였다. 정부의 강력한 항의에도 불구하고 6월 8일 포로 교환 협정이 체결되었고, 반공포로들은 중립국감시위원단과 인도군 수비대에 넘겨질 운명이 되었다.

이승만은 반공포로 문제가 엄청난 폭발력을 지녔다는 것을 잘 알고 있었다. 포로의 강제송환이냐 자유송환이냐를 놓고 휴전회담이 2년을 끌어왔다는 것을 알고 있기 때문이다. 한국이 반공포로를 일방적으로 석방하게 되면 휴전회담이 무효가 될 수도 있고, 그렇지 않더라도 휴전을 간절히 원하고 있는 미국으로부터 엄청난 큰 대가를 요구할 수 있을 것이라는 판단이 섰을 것이다.

이승만은 유엔군 관할에서 벗어나 있는 헌병사령관 원용덕을 불러 반공포로를 석방하라는 특명을 내린다. 이에 따라 1953년 6월 18일 0시를 기해 부산, 대구, 광주, 마산, 영천, 논산, 부평 등지의 유엔군이 관리하던 포로수용소에서 유엔군 초병들을 감금하거나 무장해제시키고 반공포로 3만 5,457명 중 2만 6,424명을 일방적으로 석방했다. "이것은 우리가 원치 않는 휴전협정을 언제라도 방해할 수 있다"는 이승만의 강력한 의지의 표현이었다.

반공포로의 일방적 석방에 대해 세계는 깜짝 놀랐다. 아이젠하워 대통령은 즉각 반공포로 석방을 비난하는 성명을 발표했고, 브리그스 주한 미 대사는 대통령에게 항의하면서 손으로 책상을 치기도 했다. 면도를 하고 있던 처칠 영국 총리는 이 소식을 듣는 순간 면도기를 손에서 떨어뜨렸다고 한다.

반공포로 석방에 놀란 아이젠하워는 월터 로버트슨 국무부 차관보를 대통령 특사로 한국에 급파한다. 로버트슨 특사는 "한국은 많은 유엔군 병력의 생명과 피의 대가로 확보하려는 휴전을 방해할 권리가 없다"는 덜레스 미 국무장관의 항의서한을 전달했다. 이에 이승만은 과거 우리는 미국으로부터 두 번씩이나 배반당했는데(1910년 일본이 대한제국을 병합했을 때와 1945년 한국이 분단되었을 때), 현재의 상황은 또 하나의 배반을 의미한다고 반박했다. 그러면서 이런 미국에 협력하느니 차라리 한국이 통일될 때까지 전쟁을 계속하겠다고 하였다. 로버트슨은 덜레스 국무장관에게 보낸 보고서에 "이승만은 빈틈없고 책략이 풍부한 인물일 뿐만 아니라 자기 나라를 국가적 자살행위로 몰고 갈 충분한 능력이 있는 매우 감정적이며, 분별력이 없고, 비논리적인 광신자이지만, 그의 철저한 반공주의와 불굴의 정신은 지원되어야 마땅하다"고 썼다.

이승만은 대한민국 단독으로는 북진통일은 절대 불가능하다는 것을 몰랐을까? 모르고 북진통일론을 주장했을까? 전혀 그렇지 않다. 이런 점은 서울에 찾아 온 닉슨과의 대화에서 분명하게 드러난다. 이승만은 닉슨에게 "나는 한국이 단독으로 행동할 수 없다는 사실을 잘 알고 있다"고 말한다. 그렇다면 그가 왜 그런 주장을 했을까? 역시 닉슨에게 이런 말을 한다. "내가 한국이 단독으로 행동할 것이라고 말하는 것은 다 미국을 도와주는 일입니다… 우리가 함께 가면 모두를 얻을 것이요, 그렇게 하지 않으면 모두를 잃게 될 것입니다." 라고. 이승만의 이 말에 대해 닉슨은 자신의 회고록에서 이렇게 평하고 있다. "나는 이 대통령이 공산주의자를 상대할 때는 '예측 불가능성(being unpredictable)'을 유지하는 것이 중요하다는 통찰력 있는 충고를 한 데 대해 많은 생각을 해보았다. 내가 그 후 여행하고 더 많이 배움에 따라 그 노인의 현명함을 더욱 잘 이해할 수 있게 되었다." 국제정치학을 전공하고 외교에 능수능란했던 이승만, 또 공산주의에 대해 누구보다도 잘 파악하고 있던 이승만은 어떤 일이라도 저지를 수 있는 인물이라는 인상을 상대편에게 심어줌으로써 공산세력과 협상을 벌이고 있는 미국에 힘을 실어주었던 것이다. 이로써 미국은 유리한 입장에서, 그리고 상대편은 무언가에 쫓기듯 위축된 입장에서 협상을 하도록 이끌었다고 할 수 있다.

로버트슨과의 2주간의 치열한 협상 끝에 휴전협정을 성사시키기 위해 미국과 한국은 다음과 같은 안건들을 제안하고 동의했다.

1) 정전 후 한·미 양국은 상호방위조약을 체결한다.
2) 미국은 한국에 장기적인 경제원조를 제공하며 1단계로 2억 달러를 제공한다.(1954년 당시 우리나라 수출총액은 2,400만 달러였다)
3) 미국은 한국군의 20개 사단과 해공군력을 증강시킨다.
4) 양국은 휴전회담에 있어 90일이 경과되어도 정치회담에 성과가 없을 경우 이 회담에서 탈퇴하여 별도의 대책을 강구한다.
5) 한·미 양국은 정치회담을 개최하기 이전에 공동목적에 관하여 양국의 고위회담을 개최한다.

휴전을 간절히 바라고 있는 미국으로서는 이런 조건들을 수락하지 않을 수 없었다. 휴전협정 조인 후 유엔군사령관 클

라크는 이 과정을 이렇게 표현했다. "싸워서 이기기보다 평화를 얻는 게 더 어려웠고, 적군보다 이승만 대통령이 더 힘들었다." 이로써 1953년 7월 27일, 3년 넘게 진행됐던 전쟁이 끝나고 휴전이 이루어졌다.

1953년 8월 3일 한·미상호방위조약을 구체적으로 협의하기 위해 덜레스 국무장관이 서울로 왔고, 8월 8일 한·미상호방위조약 가조인을 했다. 덜레스는 가조인 후 "이 조약은 우리 청년들의 피로 봉인되었다"고 선언했다. "이로써 이승만은 북진통일의 꿈을 포기하는 대가로 한반도에서 전쟁이 재발하면 미국의 자동개입을 보장받고, 70만 대군을 보유하는 아시아의 군사강국으로 부상하는 기반을 마련하는데 성공했다." 1953년 10월 1일 변영태와 덜레스가 워싱턴에서 한·미상호방위조약에 공식 조인했으며, 1954년 1월 15일 한국 국회가 1월 26일 미국 상원이 비준함으로써 정식으로 발효되었다.

이승만의 예언(?)대로 한·미상호방위조약은 우리에게 그 값을 따지기 어려울 정도로 엄청난 것이었다. 유영익이 밝힌 한·미상호방위조약의 이점은 다음과 같다.

1) 한반도 및 그 주변의 장기적 평화가 유지되었다.
2) 한·미동맹에 따른 미국의 확고한 대한(對韓) 방위보장에 힘입어 한국은 1970년대 전반기까지 GNP의 4%라는 비교적 적은 국방비만 쓰면서 경제개발 우선정책으로써 경이적인 경제성장을 이룩할 수 있었다.
3) 한·미동맹은 국군의 비약적인 팽창을 이루었다. 대한제국이 일본에 병탄되었을 때 보유병력이 8,000명 정도였던 데 비해 한·미동맹조약에 따라 한국은 20개 사단을 현대화했고, 70만 대군을 갖게 되었다.
4) 한·미동맹은 한국의 민주화를 도왔다. 미국은 남한의 정치적 안정이 동북아권의 안정에 필수적이라고 인식했기 때문에 남한의 민주화에 관심을 가질 수밖에 없었으며, 실제로 장기적으로는 정치적 민주화를 후원했다.
5) 한·미동맹으로 미국의 지원을 받게 된 한국은 외교망을 확대했다.
6) 한·미동맹으로 과거 동양에서 가장 폐쇄적이었던 은둔국 한국은 '팍스 아메리카나'를 구가하는 미국과 맹방이 됨으로써 서구 문명에 완전히 개방되었다. 원래 대륙 국가였던 한국은 이 과정에서 해양 지향의 태평양국가로 탈바꿈했다.

앞서 언급했듯이 동북아에서 60여 년 간 전쟁이 없이 장기간 평화가 유지되는 것도 한·미상호방위조약 덕분이라 하지 않을 수 없다. 김용삼 실장은 한·미상호방위조약을 체결했던 이승만의 심모원려(深謀遠慮) 덕분에 대한민국의 오늘이 가능했다며 다음과 같이 평가하고 있다. "한·미동맹으로 인해 동북아에서는 60년 간 전쟁이 사라졌다. 그동안 동북아는 화약고나 다름없었다. 청일전쟁, 러일전쟁, 만주사변, 중일전쟁, 태평양전쟁, 6·25 등 대규모 전쟁이 연이어 발생했기 때문이다. 그런데 1953년 한·미동맹으로 남한에 미군이 주둔하면서 장기적인 평화가 이루어졌다. 장기적인 평화 덕분에 제일 먼저 일본이 경제발전을 이루어 세계적인 경제대국으로 일어섰고, 이어 한국이 산업화와 민주화에 성공했으며, 중국이 개혁 개방으로 세계 경제의 중심국으로 등장했다. 결론적으로 최근 들어 전개된 동북아의 눈부신 성장은 60년 전 휴전으로 미봉한 채 한반도에서 발을 빼려는 미국의 발목을 붙잡아 한국에 주둔케 한 이승만의 심모원려 덕분이다."

한·미상호방위조약이라는 엄청난 선물을 안겨 준 이승만 대통령이야말로 과거, 현재, 그리고 미래에도 한국인들의 진정한 싼타가 아닐까?

## 참고문헌


김용삼, 『이승만의 네이션빌딩』, 북앤피플, 2014.

남정욱, 「전쟁이 아닌 어떤 침략에 대한 재구성」, 〈우남 이승만 제자리 찾기 프로젝트〉 연속토론회 제2차 〈이승만은 6·25가 발발하자 국민을 버리고 제일 먼저 도망쳤다는데?〉 토론문, 자유경제원, 2015. (http://www.cfe.org/mboard/ bbsDetail.php?cid=mn20140413051&idx=39413)

안병훈 엮음, 『건국 대통령 이승만의 생애』, 기파랑, 2015.

올리버, 로버트(한준석 역), 『이승만의 대미 투쟁』, 하권, 비봉출판사, 2013.

조이, 터너 (김홍열 역), 『공산주의자는 어떻게 협상하는가』, 한국해양전략연구소, 2003.

**| 같이 읽으면 재미 두 배! |**

# 한·미상호방위조약에 관하여…

**복거일**
소설가

앞서 권혁철 박사의 글은 한·미상호방위조약의 내력과 중요성을 일목요연하게 제시했다. 6·25전쟁이라는 맥락 속에 이 조약을 정치하고 그 뜻을 살펴서, 이승만 대통령의 판단과 지도력을 돋보이게 기술했다. 나로선 이 조약이 우남의 일생에서 차지하는 뜻을 간략하게 살피려 한다.

1904년 러일전쟁에서 이긴 일본이 조선을 병탄하려는 의도를 노골적으로 드러내자, 대한제국 조정에선 미국의 적극적 도움을 받으려는 노력이 나왔다. 당시 조선 조정은 조·미수호통상조약의 '우호 조항(amity clause)'에 큰 기대를 걸었다. 이 조항은 조약의 제1조를 뜻한다.

> 嗣後 大朝鮮國君主 大美國伯理爾天德 並其商民 各皆 永遠 和平友好. 若 他國有何不公輕藐之事 一經照知 必須相助 從中善爲調處 以示友誼關切
>
> There shall be perpetual peace and friendship between the president of the United States and the king of Chosen and the citizens and subjects of their respective governments. If other powers deal unjustly or oppressively with either government, the other will exert their good offices, on being informed of the case, to bring about an amicable arrangement, thus showing their friendly feelings.

당시 외교 관행으로는 이런 조항은 외교적 수사에 지나지 않았다. 그러나 국제 정세와 관행에 어두웠던 조선 조정은 그 조항이 실질적 의미를 지닌 것으로 여겼다.

미국의 지원을 얻으려는 노력의 일환으로 우남이 밀사로 선정되어 미국에 파견되었다. 1904년 11월 4일 우남은 제물

포에서 기선에 올랐다. 그는 공식적으로는 주미 대한제국 공사관으로 가는 외교 문서들을 지녔지만, 핵심적 문서는 시종무관장 민영환(閔泳煥)과 의정부 찬성 한규설(韓圭卨)이 미국 상원의원 휴 딘스모어에게 보내는 비밀 편지였다. 딘스모어는 1887년부터 1890년까지 주한 미국 공사로 일해서 두 사람과 친교가 있었다. 이승만은 12월 6일에 샌프란시스코에 상륙했다. 이어 기차로 12월 31일에 워싱턴에 닿았다.

1905년 2월 우남은 딘스모어 상원의원과 함께 존 헤이 국무장관을 만났다. 그 자리에서 우남은 헤이에게 그가 주도한 중국의 '문호 개방 정책'을 한국에도 적용해달라고 요청했다. '문호 개방 정책'은 중국과의 무역에서 모든 나라들이 동등한 기회를 누리고 중국의 영토적 및 행정적 일체성은 침해되지 않아야 한다는 정책으로 중국의 독립에 큰 도움이 되었다. 그의 요청을 듣자, 헤이 장관은 "조약에 따른 의무를 다하기 위해 최선을 다하겠다"고 말했다.

1905년 여름 하와이의 조선인들이 독립 운동 단체를 만들고 시오도어 루스벨트 대통령에게 조선이 독립하도록 도와달라고 청원하기로 했다. 마침 일본으로 가던 윌리엄 태프트 전쟁장관이 하와이에 들렀다. 조선 독립 운동가들은 태프트를 환영하면서 자기들이 루스벨트 대통령을 만날 수 있도록 주선해달라고 부탁했다. 태프트는 선뜻 소개장을 써주었다. 그래서 우남과 윤병구 목사가 대통령이 여름휴가를 보내던 오이스터 베이로 가서 소개장과 청원서를 대통령 비서에게 내밀고 면담을 요청했다. 그들은 이튿날 대통령 별장으로 오라는 연락을 받았다. 긴장이 되어 별장의 응접실에서 초조하게 기다리는데, 갑자기 대통령이 들어왔다. 그들은 당황해서 자기소개도 제대로 못하고 선 채로 청원서만 불쑥 내밀었다.

루스벨트 대통령은 '나를 찾아주니 기쁘오. 나도 당신 나라를 위해 무슨 일이든 기꺼이 하겠소. 그러나 이 문서는 공식 채널을 통하기 전에는 처리하기 어렵소. 당신네 공사를 시켜 국무부에 제출하시오'라고 말했다. 우남과 윤병구는 크게 고무되었다. 공사관을 통해서 제출만하면 된다고 생각했다. 그들은 아직 '외교적 수사'가 무엇인지 몰랐다.

그들이 워싱턴으로 돌아와서 조선 공사에게 청원서를 국무부에 제출해달라고 했다. 공사는 '정부 훈령이 없는 한 곤란하다'고 거절했다. 이미 주미 조선 공사관은 일본의 영향 아래 있었던 것이다.

그것은 애초에 성공할 수 없는 임무였다. 일본을 방문하는 길에 하와이에 들른 태프트가 써준 소개장 덕분에 우남은 루스벨트 대통령을 만날 수 있었지만, 그때 태프트가 일본에 간 것은 일본과 미국의 세력권을 확정하기 위해서였다. 미국은 러일전쟁에서 이겨 새로운 강국으로 부상한 일본이 필리핀을 넘보는 것을 걱정했고, 일본은 조선에 대한 우월적 지위를 인정받고자 했다. 그래서 태프트 전쟁장관과 가쓰라 타로(桂太郎) 수상은 '일본은 필리핀에 대해 어떤 침략적 기도도 갖지 않았다는 것을 확약하고, 미국은 일본의 조선에 대한 배타적 지위를 인정한다'는 점에 대해 합의했다. 그런 밀약이 있었다는 것을 우남은 알 길이 없었다. 그 밀약은 거의 스무 해 뒤에야 공개되었다. 그리고 일본이 조선을 병탄할 때, 미국 대통령은 바로 윌리엄 태프트였다.

편지를 전달하는 임무는 수행했지만, 실질적 성과 없이 귀국하게 되자, 우남은 고민하다가 우여곡절 끝에 미국에 남아서 공부하기로 되었다. 조지 워싱턴 대학에서 학부를 마치고 하버드에서 석사 과정을 마치고 프린스턴에서 박사 학위를 받았다.

1954년에 발효된 한·미상호방위조약은 본질적으로 1882년에 체결된 조·미수호통상조약의 '우호 조항'을 외교적 수사에서 실질적 조항으로 바꾼 셈이다. 따라서 개인적으로는 우남은 1904년에 조국이 부여한 임무를 꼭 반세기 만에 더할 나위 없이 훌륭하게 이룬 것이다. 그것도 혼자 힘으로 저항하는 연합국 전체를 상대로 해서 이룬 것이다. 우남 자신도 한·미상호방위조약이 자신의 삶에서 지닌 뜻을 그렇게 인식했다.

이처럼 나라를 살리기 위한 임무를 반세기 만에 멋지게 이룬 경우는 역사적으로 드물다. 자연히, 우남 자신의 삶도 더할 나위 없이 멋진 이야기로 완결된 것이다. 그리고 우남은 그것으로 자신의 삶을 마무리하는 것이 옳았다. 그때 우남은 79세였다.

그러나 우남은 그렇게 하지 못했다. 그 뒤로 그는 빠르게 노쇠했고 그의 통치엔 그늘이 덮이기 시작했다.

일찍이 셰익스피어는 탄식했다.

> 사람들의 악행들은 청동에 새겨져 남는다;
> 그들의 덕행들을 우리는 물로 쓴다.
> Men's evil manners live in brass; their virtues
> We write in water.

그래서 우리는 '이승만' 세 글자를 물로 썼다.

# 네 번째 선물

•

“건국에 도움이 안되는 공산주의는 수용할 수 없다”

# 이승만, 공산주의에 맞서며 공산주의를 활용하다

**류석춘**
연세대학교 사회학과 교수

## 기적과 같은 신생 독립국, 1948년 대한민국

인터넷을 떠도는 다음 사진 한 장 즉 〈그림 1〉이 모든 것을 말해 준다. 1917년 구소련의 볼세비키 혁명으로 시작된 공산주의는 2차 대전의 종결과 함께 승전국 소련의 민중을 위한 새로운 정치 이데올로기라는 후광을 업고 전 세계로 전파되기 시작했다. 중국과 동구라파 등 소련과 국경을 맞대고 있던 나라들은 물론이고, 동남아의 인도차이나 나아가서 아프리카와 남미까지도 이 거대한 물결을 외면할 수 없었다.

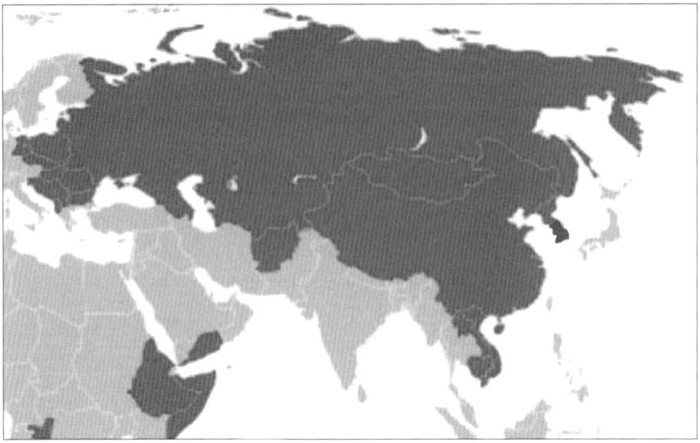

〈그림 1〉 1948년 건국 당시 공산주의 세력 판도

동아시아에서 벌어진 태평양전쟁에 뒤늦게 참전한 소련은 일본을 무너뜨리는데 별다른 역할도 없이 승전국 동지인 미국의 배려로 한반도의 38선 이북을 관할하며 군정을 펼칠 수 있었다. 소련은 동구라파에서 했던 방식 그대로 북한을 공산화했다. 스탈린의 후견을 배경으로 김일성이 대리인 역할을 하며 주도면밀하고도 일사불란한 공산화 작업을 진행했다. 소련의 군정을 거치며 북한에서는 공산주의에 반대하는 모

든 세력이 제거되었다.[1]

이에 반해 남한에서는 미국의 '리버럴'한 정책으로 공산주의를 포함한 다양한 세력이 건국에 참여할 수 있었다. 미군정은 공산주의와의 대립보다는 타협 즉 '좌우합작'을 선호했다. 이승만은 이 과정에서 미국과 충돌하면서까지 소련을 조국으로 생각하는 공산주의에 반대하며 자유민주주의 그리고 시장경제에 기초한 대한민국의 건국을 이끌었다. 당시를 전후해서 이승만과 미국의 관계를 설명한 Oliver 의 영문 책은[2] 최근 이를 국역한 책의 제목이 보여주고 있듯이 '이승만의 대미투쟁'을 보여주는 기록에 다름 아니다.[3]

"공산당은 호열자(콜레라)와 같다"고 하며 반공에 앞장 선 이승만은 그러나 1948년 7월 선포한 건국헌법에서 '노동자 이익균점권'을 보장하여 경제체제에서는 혼합경제 내지는 사회민주주의적 요소를 일부 수용하는 모습을 보였다.[4] 다시 말해 건국 헌법은 정치적 민주주의와 경제·사회적 민주주의

---

1 류석춘·김광동, "북한 친일청산론의 허구와 진실"「시대정신」2013년 봄호, 2013, pp. 273-276.

2 Robert T. Oliver, Syngman Rhee and American Involvement in Korea, 1942-1960: A Personal Narrative. Panmun Book Co., Ltd, 1978.

3 로버트 T. 올리버 저, 한준석 역,『이승만의 대미투쟁』비봉출판사.

4 이영훈,『대한민국 역사』기파랑, 2013, p. 139.

의 조화를 추구하여 모든 사람의 자유와 평등과 권리를 존중하는 동시에 경제균등을 실현하고자 한 헌법이었다.[5] 당시의 상황에서 적산의 불하와 농지개혁을 염두에 두고 노동자·농민을 배려하기 위해 만든 헌법 조항이라는 해석이 최근의 연구를 통해 힘을 얻고 있다.[6]

그렇다면 이승만은 공산주의라는 이념에 대해 어떠한 입장을 가지고 있었는지를 궁금해 하지 않을 수 없다. 왜냐하면 이승만은 한편으로 스탈린·모택동·김일성을 대상으로 한 반공전선에서 세계적인 선각자로 우뚝 서 있고, 다른 한편으로 자신이 주도한 건국헌법에 공산주의적 요소를 가미한 당사자로 존재하기 때문이다. 이글은 이 문제를 이승만이 스스로 생산한 문건을 중심으로 접근하고자 한다.

---

5　양동안, 『대한민국 건국사』 현암사 (개정신판), 2001, p. 526.

6　손세일, 『이승만과 김구』 제7권, 조선뉴스프레스, 2015, pp. 359-369.

## 이승만에게 공산주의란 무엇인가?

이승만은 언제부터 공산주의의 문제 나아가서 반공의 중요성을 깨닫고 있었는가? 공산주의에 대한 이승만의 평가와 생각을 명확히 드러내주는 문건이 하나 있다. 하와이에서 독립운동을 하면서 당신이 직접 발간하던 「태평양잡지」 1923년 3월호 (제31호)에 게재한 본인의 글이다. 단지 세 쪽에 걸친 분량으로 그리 길지 않을뿐더러 그 내용이 너무도 중요하기에 여기에 전문을 옮긴다. 글의 제목은 "공산당의 당부당(當不當)"이다 (부록의 원문 이미지 pp.152~154 참조).

"공산당 주의가 20세기에 나라마다 사회마다 전파되지 않은 곳이 없어, 혹은 공산당이나 사회당이나 무정부당이라는 이름으로 극렬하게 활동하기도 하고, 혹은 자유권이나 평등권의 이름으로 모르는 중에 전파되기도 하여, 전제·압박하는 나라나 공화·자유하는 백성도 그 풍조의 영향을 받지 않은 자가 없도다.

공산당 주의도 여러 내용이 있어서 그 의사가 다소간 서로 같지 아니하나 보통 공산당을 합하여 논의해보면, 그 주의가 오늘 인류사회에 합당한 것도 있고 합당치 않은 것도 있으므로, 이 두 가지를 비교하여 이 글의 제목을 '당부당'이라 하였다. 우선 그 합당한 것을 먼저 말하고자 한다.

인민의 평등주의다. 옛적에는 사람을 반상(班常)으로 구별하여 반(班)은 귀(貴)하고 상(常)은 천(賤)하므로, 반은 의례히 부(富)하고 상은 의례히 빈(貧)하여, 서로 바뀌지 않도록 구분하여 방한(防閑: 못하게 하는 범위)을 정하여 놓고, 영영 이와 같이 만들어서, 양반의 피를 타고난 자는 병신·천치라도 윗사람으로 모든 상놈을 다 부리게 하고, 피를 잘못 타고난 자는 영웅·준걸의 재질을 타고 났을지라도 하천한 대우를 면치 못하였으며, 또한 노예를 만들어 한번 남에게 종으로 팔린 자는 대대로 남의 종으로 팔려 다니며 우마(牛馬)와 같은 대우를 벗어나지 못하게 하였다.

이와 같이 여러 천년을 살아오다가 다행히 프랑스 혁명과 미국의 공화(共和)제 이후로 이 사상이 비로소 변하여 반상의 구별을 혁파하고 노예의 매매를 법률로 금하였으니, 이것은 서양 문명의 사상이 발전된 결과로서 만세 인류의 무궁한 행복을 가져오게 하였도다.

그러나 근대에 이르러, 반상의 구별 대신에 빈부의 구별이 스스로 생겨서 재산 가진 자는 이전 양반 노릇을 여전히 하며 재물 없는 자는 이전 상놈 노릇을 감심(甘心: 달게 여김) 하게 되었다. 그런즉 반상의 명칭은 없어졌으나 반상의 등분[차별]은 여전히 있어서 고금에 다를 것이 별로 없도다.

하물며 노예로 말하면 법률로 금하여 사람을 돈으로 매매는 못하게 하였으나, 월급이라 하는 보수 명의로 사람을 사다가 노예같이 부리기는 마찬가지라. 부자는 일 아니하고 가난한 자의 노동으로 먹고 살며 인간행락(人間行樂)의 모든 호강다 하면서, 노동자가 버는 것으로 부자 위에 더 부자가 되려고 월급과 삯전을 점점 깎아서 가난한 자는 호구지계(糊口之計)를 잘 못하고 늙어 죽도록 땀 흘리며 노력하여도 남의 종질로 뼈가 늘어나도록 사역하다가 말 따름이요, 그 후손이 태어나더라도 또 그렇게 살 뿐이니 이 어찌 노예 생활과 다르다 하겠는가. 그러므로 공산당의 평등주의가 이것을 없이하여다 균평하게 하자 함이니, 어떻게 이것을 균평히 만들 것인가 하는 문제는 또 다른 문제이거니와, 평등을 만들자는 주의 자체는 옳은 일이니 이는 적당한 것이라 할 수 있다.

공산당 주의 중 부당한 것을 논의하면 다음과 같다.

(1) 재산을 나누어 가지자 함이니, 모든 사람의 재산을 토지 건축 등 모든 부동산까지 합하여 평등하게 나누어 차지하게 하자 함이니, 이것은 가난한 사람은 물론 환영하겠지만 토지를 나누어 가진 후 게으른 사람들이 농사를 아니 하든지 일을 아니 하든지 하여 토지를 다 버리게 되면 어찌하겠는가. 부지런한 사람들이 부지런히 일하여 게으른 가난장이를 먹여야 할 것이요, 가난장이는 차차 숫자가 늘어서 장차는 저마다 일 아니 하고 얻어먹으려는 자가 나라에 가득할 것이다.

(2) 자본가를 없이하자 함이니, 모든 부자의 돈을 합하여 공동으로 나누어 가지고 살게 하면, 부자가 양반 노릇하는 폐단은 막을 수 있겠지만, 재정가[기업인]들의 경쟁이 없어지면 상업과 공업이 발달하기 어려우리니, 사람의 지혜가 막히고 모든 기기미묘한 기계와 연장이 다 스스로 폐기되어 지금 이용후생하는 모든 물건이 다 진보되지 못하며, 물질적 개명이 중지될지라. 자본을 폐기하기는 어려우리니 새 법률을 제정하여 노동과 평등한 세력을 가지게 하는 것이 나을 터이다.

(3) 지식계급을 없이하자 함이니, 모든 인민의 보통 상식 정도

를 높여서 지금의 학식으로 양반노릇 하는 사람들과 대등하게 되고자 하는 것은 가능하거니와, 지식 계급을 없이 하자 함은 불가하다.

(4) 종교단체를 혁파하자 함이라, 자고로 종교단체가 공고히 조직되어 그 안에 인류 계급도 있고, 토지 소유권도 많으며, 그 속에서 인민 압제와 학대를 많이 하였나니, 모든 구교 숭배하던 나라에서는 이 폐해를 다 알지라. 그러나 지금 새 교회의 제도는 이런 폐단이 없고 겸하여 평등 자유의 사상이 본래 열교확장(裂教擴張)되는 중에서 발전된 것이라. 교회 조직을 없이 하는 날은 인류덕의(人類德義)상 손해가 지대할 것이다.

(5) 정부도 없고 군사도 없으며 국가사상도 다 없이 한다 함이라. 이에 대하여는 공산당 속에서도 이견이 많을뿐더러, 지금 공산당을 주장한다는 러시아만 보아도 정부와 지도자와 군사가 없이는 부지할 수 없는 사정을 자기들도 다 아는 바이다. 다 설명을 요구치 않거니와, 설령 세상이 다 공산당이 되며, 동서양 각국이 다 국가를 없이하여 세계적 백성을 이루며, 군사를 없이 하고 총과 창을 녹여서 호미와 보습을 만들지라도, 우리 한인은 일심단결로 국가

를 먼저 회복하여 세계에 당당하게 자유국을 만들어 놓고 군사를 길러서 우리 적국의 군함이 부산 항구에 그림자도 보이지 못하게 만든 후에야, 국가주의를 없이할 문제라도 생각하지, 그 전에는 설령 국가주의를 버려서 우리 이천만이 모두 다 밀리네어(백만장자)가 된다 할지라도 우리는 원치 아니할지라.

우리 한족에게 제일 급하고 제일 긴하고 제일 큰 것은 광복사업이라, 공산주의가 이 일을 도울 수 있으면 다 공산당 되기를 지체치 않으려니와, 만일 이 일에 방해될 것 같으면 우리는 결코 찬성할 수 없노라."

이 글의 내용을 최대한 압축적으로 재구성하면 다음과 같다. 공산주의는 옳고 그른 것이 각각 있다. 옳은 것은 세상 사람이 모두 평등하다는 주장이다. 그른 것은 평등을 위해 1) 재산, 2) 자본가, 3) 지식인, 4) 종교, 5) 국가를 각각 없애자는 주장이다. 왜냐하면 재산의 소유권을 없애면 모든 사람이 일을 안 해 게을러지고, 기업을 하는 자본가를 없애면 경쟁이 없어 발전이 없고, 지식인을 없애면 지식의 하향평준화가 초래되고, 종교를 없애면 인간의 도덕심이 없어지고, 국가를 없애자는 주장은 공산주의의 본산인 러시아에서마저도 말로만 하는 실현불가능한 일이기 때문이다.

공산주의에 대한 이승만의 최종 평가는 "공산주의가 건국에 도움이 되면 수용할 수 있지만, 그렇지 못하면 수용할 수 없다"라고 스스로 요약하고 있다. 그렇다면 공산주의는 이승만이 보기에 어떤 경우 건국에 도움이 되었고 또 어떤 경우 건국에 방해가 되었는가? 각각을 분리해서 살펴보기로 한다.

## 건국을 방해한 공산주의

이승만에게 가장 큰 가치는 조국의 독립 즉 대한민국의 건국이었다. '공산당의 당부당' 마지막 구절이 드러내듯이 공산주의가 건국에 도움이 되면 수용할 수 있지만 그렇지 못하면 수용할 수 없다고 이미 1923년의 글에서 밝히고 있기 때문이다. 이에 반해 공산주의자들의 최고 가치는 조국을 공산화시켜 소비에트 체제에 편입시키는 일이었다. 이들에게는 조국의 독립보다 공산화 즉 한반도를 공산주의 소련의 위성국가로 재편하는 일이 무엇보다 중요한 일이었다.

그렇기 때문에 복거일은 자유경제원 "이승만은 산타였다" 1차 토론회 (2016년 2월 15일, 남정욱 발표)에서 "당시 대다수 서구 지식인들이 공산주의에 매혹되어 그 실체를 눈치채지 못했음을 생각하면… 우남은 러시아도 거기서 꽃핀 공산주의도 경계했다. 그는 러시아가 한반도에 대해서 품은 영토적 야심을 처음부터 깊이 인식했고… 공산주의 세력은 소비에트 러시아로부터 받은 풍부한 자금을 이용해서 임시정부를 장악하려 시도했고… 백범과 우남의 '민족주의/자유주의 연합'이 김원봉과 한길수의 '러시아 중심 세계주의/공산주의 연합'에 맞서서 임시정부를 지킨 덕분에… 임시정부가 민족주의와 자유주의의 보루였다는 사실은 해방 뒤의 혼란 속에서 자유민주주의와 시장경제를 구성 원리로 삼은 대한민국이 세워지는데 큰 도움을 주었다"고 평가한다.

마찬가지로 같은 토론회에서 김광동 역시 다음과 같은 지적을 하고 있다. "자유주의 사상만을 가지고 자유체제가 만들어지는 것은 아니다. 자유주의가 도입된 나라를 세웠다고 자유주의가 뿌리내리는 것도 전혀 아니다. 자유가 공짜가 아닌 것이듯, 자유를 지향하며 자유를 위협하는 구체적인 적(敵)인 전체주의(全體主義)와 싸웠기 때문에 대한민국에 자유주의 체제가 가능했다. 이승만은 세계를 전체주의와 민주주의라는 구도로 보았다. 1941년 여름에 출간한 책 *Japan Inside Out*을 보더라도 결론 부분 제15장의 제목을 'Democracy versus Totalitarianism' 으로 정하고 있다.[7] 이승만은 여기에서 당시 세계적 차원의 대립과 다가올 세계전쟁은 민주주의와 전체주의 간의 대결이고 그 대결에서 민주주의가 승리해야만 세계에는 평화가 오고, 약소국들은 독립되고, 미국도 민주주의를 존속시킬 수 있다고 역설하였다. 대한민국이 독립되고 자유체제가 되는 것도 결국은 세계적 차원의 전체주의를 극복하고 승리할 때 가능한 것임을 분명히 하였다.

이승만은 전체주의의 대표적 체제가 바로 일본 군국주의, 소련 공산주의, 그리고 파시스트와 나치스트라고 명확히 규정하였다. 자유를 지향하는 체제와 자유를 억압하는 전체주의 체제로 구분지었다. 세계로 확산되는 전체주의에 맞서 싸

7 Syngman Rhee, Japan Inside Out; The Challenge of Today, New York: John Long, 1941. 최근 이 책의 국역본이 출판되었다. 이승만 저·류광현 역, 『일본의 가면을 벗긴다』 비봉출판사, 2015.

워 극복하지 못하면 결국 미국도 민주주의의 고립된 섬에 불과하다고 경고하였다. 이승만은 일본의 군국주의뿐만 아니라 소련의 공산주의도 극복해야 세계는 자유와 민주체제가 완성되고, 독립과 평화가 온다는 것을 분명히 했고 그런 차원에서 소련과 공산 전체주의와 감연히 투쟁에 나섰다. 그런 면에서 이승만은 자유주의를 확립, 성숙시키기 위해서는 일본으로부터의 독립만이 아니라, 자유를 위협하는 더 큰 적인 공산주의까지 극복해야 함을 명확히 인식하고 대결한 지도자이다. 그 결과로 대한민국은 전체주의 소련이 주도적으로 참여하는 신탁통치를 거부하고, 공산주의를 대변하는 세력과의 좌우합작을 거부하고 자유 대한민국을 건국할 수 있었다. 또한 자유 대한민국을 붕괴시키려는 소련과 중국 및 북한 공산주의 체제의 침략전쟁이자 공산 제국주의의 확장 전쟁인 6·25 전쟁에 맞서 세계 민주주의 국가와 연대하며 대한민국의 자유체제를 지켜내고 발전시켜 낼 수 있었다."

김용삼 역시 "이승만은 산타였다" 2차 토론회 (2016년 2월 20일, 김광동 발표)에서 1954년 7월 30일 이승만이 미국을 국빈방문하며 모교인 조지워싱톤 대학에서 행한 연설의 한 구절이 건국을 방해한 공산주의에 대한 이승만의 입장을 가장 잘 드러낸다고 지적하고 있다. "아시다시피 나는 두 가지 일 즉 자유와 민족자결을 위해 투쟁해 온 사람입니다. 특히 광활한 영토와 수많은 인구라는 천부적인 이점을 갖지 못한 약소민족들의 자유와 민족자결을 위해서 말입니다. 보람 있는 사회를 이루는 이 근본적인 두 요소가 바로 이 순간 심각한 위협에 처해 있습니다. 국내적 국제적 조직들이 개인적 자유의 존립과 민족주의의 전체구조를 위협하고 있습니다. 공산주의자들은 인간을 크렘린의 독재자들에 의해서 절대적으로 통치되는 세계 국가의 노예로 만들려고 획책하고 있습니다."

이승만은 대한민국 건국을 방해하는 공산주의에 대해서는 다른 누구보다 확고하게 반대했음은 물론 그 어떤 투쟁도 마다하지 않았다. 대한민국을 건국한지 채 2년이 안되어 터진 6·25 전쟁은 북한을 공산화 시킨 소련이 남한까지도 공산화 시키고자 벌인 국제전이었다. 이 전쟁을 계기로 미국은 공산주의와의 대결을 피할 수 없다는 사실을 뒤늦게나마 깨닫게 되었고, 이승만은 그 과정을 주도하며 한반도 남쪽의 공산화를 저지함은 물론 '냉전'이라는 국제질서의 도래에 주도적인 역할을 할 수 있었다. 이승만은 독립운동을 할 때부터 2차 대전 이후의 국제관계가 공산주의와의 차가운 전쟁을 피할 수

없음을 깨닫고 있던 선각자였다.[8]

## 건국에 도움이 된 공산주의

앞서도 밝혔지만 이승만은 공산주의가 건국에 도움이 되면 수용할 수 있다고 이미 1923년에 쓴 글에서 천명하고 있다. 모든 사람이 평등하다는 주장은 옳은 주장이기 때문이다. 그렇기 때문에 그는 1945년 8월부터 12월까지 귀국 초반의 기간에 공산당과 협조하며 건국을 모색하는 노력을 기울이기도 했다. 이승만은 일본 제국주의 시대에 독립운동의 방편으로 공산당 운동을 한 사람들을 건국 과정에서 배제할 이유가 없다고 생각했다.

그러나 이승만은 해방이 되고 나서도 소련의 지령을 받으

8 류석춘·오영섭·필즈·한지은 공편, x『국역 이승만 일기』 서울: 대한민국역사박물관·연세대이승만연구원 공동출판, 2015, p. 213. 이승만이 모스크바에서 러시아 입국을 거부당하고 쓴 1933년 7월 19일의 일기는 다음과 같이 말하고 있다. "이제 보니 일본이 나를 계속 추적하여 내가 모스크바에 도착하자마자 러시아 정부에 압력을 넣었고, 러시아 정부는 일본과의 어떠한 마찰이나 자극을 피하려고 노심초사하고 있음이 분명해졌다. 처음에는 발끈하는 마음에서 모든 것을 공개하여 신문에 센세이션을 일으킬까도 생각해 보았다. 그러나 좀 더 신중하게 판단해 보니 이 문제는 나만 알고 있다가 나중에 때가 오면 이를 우리에게 유리하게 이용하는 것이 좋겠다고 마음을 고쳐먹었다."

며 즉 공산당의 조국 소련과 단절하지 않고 건국 과업에 동참하려는 사람들을 경계했다. 그렇기 때문에 이승만은 소련의 지령을 받아 신탁통치에 대한 입장을 1946년 벽두 하루아침에 바꾼 박헌영을 비롯한 남로당 세력과 결별했다. 이승만의 판단은 건국 후 2년도 안되어 소련의 사주로 벌어진 6·25 남침전쟁의 발발로 결국 옳았음이 확인되었다.

그럼에도 불구하고 이승만이 만든 대한민국의 건국헌법은 혼합경제와 균등경제를 추구하는 조항을 품고 있다. 건국헌법이 공산주의적 요소 즉 '모든 사람이 평등하다'는 공산당의 주장을 일부 반영하고 있기 때문이다.[9] 바로 이런 맥락 때문에 이승만은 건국 내각에 공산주의자인 조봉암을 농림부 장관으로 발탁하여 6·25 전쟁 직전 시행된 농지개혁을 책임지도록 했다. 당시 조봉암은 소련을 조국으로 생각하지 않는 즉 전향한 공산주의자의 대표적 인물이었다. 그는 후에 북의 공작으로 결국 처형되는 아픔을 겪었다.

"이승만은 산타였다" 4차 토론회 (2016년 3월 24일)에서 발

---

9 박명림, "헌법, 국가의제, 그리고 대통령 리더십: 건국헌법과 전후헌법의 경제조항 비교를 중심으로"『국제정치논총』48권 1호, 2008, pp. 429-454.

표된 배진영의 글 또한 1948년 12월 4일 행한 이승만의 라디오 연설 '토지개혁문제'를 거론하며 다음과 같은 인용을 통해 농지개혁이 반상(班常)의 차별을 없애는 근본적 개혁임을 강조하고 있다. "원래 하나님이 세상을 창조하실 적에 양반과 상놈을 구별하거나 부자와 빈민을 인(印)쳐서 낸 것이 아닙니다. 모든 사람이 다 동등으로 천연적 복리를 누리게 한 것인데, 그중에서 지혜도 있고 능력도 있는 사람들이 모든 재원을 욕심껏 점령하여 사유물을 만들어 자자손손이 유전해서 필경은 몇몇 사람의 소유물로 인정을 받게 된 고로, 인군(仁君 혹은 임금)된 이는 그 나라가 다 자기 사유물이라 하였으며 세가(勢家)와 부자들은 광전옥토(廣田沃土)를 다 자기들의 물건으로 만들었으므로, 대다수 민중은 남의 세상에 부쳐서 남을 위하여 사는 것으로 알게 되었나니, 그 결과를 보면 실상 그 나라 주인 되는 대중인민은 거의 소유권을 다 잃어버리고 몇몇 사람들이 주인이 되어 복리를 독점하게 된 것입니다. 이 중에서 몇 천 년을 지내오고 보니 이것이 자연 법이 되고 습관이 되어서 천지에 떳떳한 이치로 알기에 이른 것입니다. 그래서 부자는 대대로 부자요 양반은 대대로 양반으로 지냈으니, 이와 같이 불공평하고 부조리한 일은 다시없을 것입니다. 지금 우리가 주장하는 민주정체의 주의는 반상(班常)이라 귀천(貴賤)이라 하는 등분이 다 없고 모든 인민이 평등 자유로 천연한 복리를 다 같이 누리게 하는 것입니다. 이 주장을 세우기 위하여 그 근본적 병통을 먼저 교정하여야만 모든 폐단이 차서로 바로잡힐 것이므로, 토지개혁법이 유일한 근본적 해결책이라는 것입니다."

'유상몰수/유상분배'의 원칙 즉 시장경제의 기본 원리인 사유재산권을 부정하지 않으면서도 성공적으로 추진된 농지개혁 덕분에 남한 사회는 농민의 지지를 발판으로 6·25 전쟁을 헤쳐 나갈 수 있었다. 또한 나아가서 50년대의 전후복구 그리고 60년대 이후의 비약적 경제발전 과정에서도 국민적 합의를 모을 수 있었다. 그러므로 건국헌법의 균등경제 정신 그리고 이를 구체적인 정책으로 실제 구현한 농지개혁은 일찍이 1923년 이승만이 '공산당의 당부당'에서 논의한 공산당의 당(當)에 해당하는 즉 건국에 도움이 된 공산주의라고 이해할 필요가 있다.

그렇게 해야만 우리가 지금 '한강의 기적'이라고 부르는 비약적 경제발전의 과정에서 드러나는 국가의 개입 혹은 계획이 성공한 맥락 즉 이승만으로부터 비롯된 '경로의존적' 발전과정을 역사적으로 추적할 수 있기 때문이다. 많은 사람들이 이제는 대한민국의 경제를 시장에 맡겨야 한다고 주장하고 있다. 발전의 초기에는 국가의 개입이 불가피하지만 이제는 그렇지 않다는 주장이다. 그러나 60년대, 70년대 박정희 대통령의 경제개발 과정은 말할 것도 없고, 80년대 전두환·노태우 정부에서도 이어진 국가의 산업정책 덕택에 우리 경제는 질적인 구조적 전환을 이루었다.

한편, 90년대 김영삼 정부의 '세계화' 즉 보다 큰 시장으로의 전환이 가져온 '발전국가'의 해체는 결국 1997년 경제위기를 불러왔다.[10] 1997년 위기를 성공적으로 극복했다고 주장하는 김대중 정부의 정치적 수사 즉 '시장경제와 민주주의의 병행 발전'이라는 구호에도 불구하고, 사실은 국가가 조성한 '공적 자금'을 수단으로 국가가 경제에 개입하여 우리는 위기를 극복할 수 있었다.[11]

따라서 실제 우리 경제는 국가의 개입이라는 이승만이 건국헌법에 도입한 장치를 지금까지 알게 모르게 활용하면서

---

10 신장섭·장하준, 『주식회사 한국의 구조조정』 창비, 2004.

11 류석춘·왕혜숙, "외환위기는 발전국가를 변화시켰는가? 공적 자금을 중심으로" 『한국사회학』 41집 5호. Lew, Seok-Choon, 2013, The Korean Economic Developmental Path: Confucian Tradition and Affective Network, NY: Palgrave, Chapter 7, 2007.

경로의존적으로 발전을 이루어 왔다는 사실을 부정할 수 없다. 예컨대 오늘날 경제 위기를 만들어 낸 주범으로 지목되는 '과도한 규제'를 시행한 것도 정부이지만, 동시에 또 그 과도한 규제를 '물에 빠뜨리겠다'며 개혁을 추진하는 주체도 역시 정부인 것이 우리의 현실이다. 우리 상황에서 모든 것을 시장에 맡기자고 하는 선택은 그래서 몰역사적으로 보인다.

## 마치며

대한민국 건국의 아버지 이승만은 2차 대전을 전후한 국제관계의 전개에서 스탈린이 시도한 거대한 세계화 즉 공산화의 파도를 온몸으로 막아낸 선각자였다. 2차 대전의 승전국 지도자인 미국의 루스벨트 대통령, 영국의 처칠 수상, 중국의 장개석 총통도 내다보지 못한 국제정세의 앞날을 내다보며 공산주의와의 차가운 전쟁 즉 냉전의 도래에 적극적이고도 주도적으로 대처하면서 이승만은 대한민국의 건국을 이끌었다. 스탈린의 속셈을 누구보다 빨리 알아차린 유일한 국제적 인물이 바로 이승만이었다.

국제적인 차원에서 소련을 종주국으로 하는 공산주의 세력의 팽창이 대한민국의 자유와 독립은 물론 다른 자유세계 국가의 자유와 독립을 얼마나 침해할 것인지를 다른 누구보다 빨리 알아차린 이승만은, 그러나 공산주의가 어필하는 장점 즉 '인간은 평등하다'는 주장을 우리 건국 헌법에 녹여 넣음으로서 정책으로서의 '균등경제'의 중요성을 인식함은 물론 이를 농지개혁으로 몸소 시행한 선각자이기도 하다. 적산의 불하 그리고 농지개혁을 필두로 우리 경제는 시장이라는 틀 안에서 국가의 개입을 성공시키며 전 세계가 부러워하는 경제발전을 이루었기 때문이다.

오늘날 경제에 대한 국가의 개입을 놓고 첨예한 논쟁이 진행되고 있다. 한편에서는 개입을 최소화해야 한다고 말하고 있고, 다른 한편에서는 개입을 강화해야 한다고 말하고 있다. 또한 개입의 방향을 두고 성장을 위한 개입과 분배를 위한 개입 간에도 논쟁이 이어지고 있다. 논쟁의 결론이 어떤 방향으로 나던 간에 이승만 대통령도 인정한 공산주의의 장점 즉 인간은 평등하다는 주장은 결코 사라지지 않을 것이다. 자유와 함께 평등은 인류가 추구하는 영원한 가치이기 때문이다.

그러나 이승만이 1923년 일찍이 말했듯이 이러한 가치를 실현하는 장치인 국가 대한민국의 자주독립은 그 어떤 가치에도 우선하는 전제조건이다. "우리 한민족에게 제일 급하고 제일 긴하고 제일 큰 것은 광복사업이라, 공산주의가 이 일을 도울 수 있으면 다 공산당 되기를 지체치 않으려니와, 만일 이 일에 방해될 것 같으면 우리는 결코 찬성할 수 없노라." 이승만이 갈파하고 있듯이 개입을 선택하고 결정하는 국가, 즉 대한민국을 부정하면 자유의 가치는 물론 평등의 가치도 아무런 의미가 없음을 잊지 말아야 한다. 이승만은 대한민국의 건국 그리고 발전을 위해 공산주의에 맞서기만 한 것이 아니라 공산주의를 활용하기도 했다.

태평양잡지　　공산당의 당부당

남에게 낫지 쟝모지 못ᄒᆞ니 이에서 더 원통ᄒᆞᆷ이 또 잇스며 그 티히가 엇더ᄒᆞ가 공모청년들이어 반장을 덕자교라도 어서 공부잘ᄒᆞ야 김나라의 운이 합히생 김을 바라고 이만—

미쥬남가쥬대학　　한치진 (긔서)

## 공산당의 당부당

공산당 ᄉᆞ회가 이 二十세긔에 나타마다 ᄉᆞ회마다 안이전파된곳이 업서 혹은 공산당이라 사회당이라 무정부당이라 ᄒᆞᄂᆞᆫ 명목으로 극렬ᄒᆞ게 확장ᄒᆞ기도ᄒᆞ며 혹은 ᄌᆞ유권 평등권의 명의로 부ᄂᆞᆫ운젼인ᄒᆞ기도 ᄒᆞ야 정졔압박ᄒᆞᄂᆞᆫ 나라에나 공화ᄌᆞ유ᄒᆞᄂᆞᆫ 민셩이나 그 풍조의 츄감을 밧지안은자—업도다

공산당ᄉᆞ회도 여러부분이 잇서 그 의ᄉᆞ가 다소간 서로 갓지안이ᄒᆞ나 보통 공산당을 합ᄒᆞ야 의론ᄒᆞ진ᄃᆡ 그 ᄉᆞ회가 오날 인류ᄉᆞ회에 합당ᄒᆞᆫ것도 잇고 합당치안은것도 잇슴으로 이 두가지를 비교ᄒᆞ야 이글의 제목을 당부당이라 ᄒᆞ엿나니 그 합당ᄒᆞᆫ것 몃가지를 몬저 말ᄒᆞ건ᄃᆡ

十六

인민의 평등주의라 녯적에는 사ᄅᆞᆷ을 반상으로 구별ᄒᆞ야 반은 귀ᄒᆞ고 상은 천ᄒᆞ으로 반은 의례히 귀ᄒᆞ고 부ᄒᆞ며 상은 의례히 천ᄒᆞ며 빈ᄒᆞ야 서로 변통치못ᄒᆞ게 등분으로 방한을 ᄒᆞ여 놋코 영영이와갓치 만들어서 양반의 피를 타고난자는 병신천치라도 웃사ᄅᆞᆷ으로 모든 상놈을 다 부리게 마련이오 피를 잘못타고난자는 영웅준걸의 재질을 헛슬지라도하천ᄒᆞᆫ 뒤우를 면치못ᄒᆞ잇스며 ᄯᅩᄒᆞᆫ 노예를 마련ᄒᆞ야 ᄒᆞᆫ번 남의게 종으로 팔난자는 ᄃᆡᄃᆡ로 남의 종으로 팔니다니며 우마와 갓흔 ᄃᆡ우를 비사나지못ᄒᆞ게 마련이라 이와갓치 여러千년을 살아오다가 다힝히 법국혁명과 미국 공화를 세운 이후로 이 ᄉᆞ상이 ᄇᆡ도쇼 변ᄒᆞ야 반상의 구별을 혁파ᄒᆞ고 노예의 미명들법들도 검ᄒᆞ잇나니 이거시 서양문명의 ᄉᆞ상발전된 길파라 반세인류의 부공ᄒᆞᆫ 힘복을 세치게 ᄒᆞ엿도다

그러나 근ᄃᆡ에 이르러 보진ᄃᆡ 반상의 구별되신

부록: 이승만의 "공산당의 당부당"을 실은 「태평양잡지」 원문 이미지
(1923년 3월호, 제31호)

의 빈부의 구별이 스스로 새ㅇ거서 저산가진자는이
전 량반노릇ᄒᆞᆫ 어신ᄅᆡ ᄒᆞ며 저꿀입는자는 이런상놈
노릇을 감심ᄒᆞ게 된지라 그런즉 반ㅇ의 명칭은업시
ᄒᆞ엿스나 반상의 등분은 어전히 잇서 고금에 다름거
시 밑도 입도다

ᄒᆞ욤며 노예로 말ᄒᆞᆯ지라도 법률로 검ᄒᆞ야사ᄅᆞᆷ을
돈으로 미이는 못ᄒᆞᆫ다ᄒᆞ나 월급이라 공전이라 ᄒᆞᄂᆞᆫ
보수게의로 사ᄅᆞᆷ을 사다가 노예갓치 부리기는 一반
이라 부자는 일안이ᄒᆞ고 가난ᄒᆞᆫ자의 노동으로 먹고
살며 인간행락에 모든 호강 다ᄒᆞ면서 노동자의비는
거스로 부자ᄋᆡ에 더 부자가 되려고 힘금과 삭전을
쟁정ᄡᅡ가서 가난ᄒᆞᆫ자는 호가ㅣ계를 보못ᄒᆞ고늘거죽
도록 알흠니며 노력ᄒᆞ야 ᄂᆞᆷ의 손질로 ᄲᅢ가눌도록ᄉᆞ
역ᄒᆞ다가 암다름이오 그 후세ㅇ이 나드ᄃᆡ로 ㅅ도이
러케 살것뿐이니 이잇지 노예세ㅇ확려 법로 다르다
ᄒᆞ리요 그럼으로 공산당의 평등주의가 이거슬 입시
ᄒᆞ야 다 균평ᄒᆞ게 ᄒᆞ자ᄒᆞᆷ이니 잇지ᄒᆞ야 이거슬균평
히 만들거슨 싸ㄴ 문제어니와 평등을 만들자는주의
는 대지 올흐니 이는 적당ᄒᆞᆫ ᄯᅢㅅ시라 ᄒᆞ겟ᄂᆞ

공산당 주의을 시세에 부당ᄒᆞᆫ거슬 말ᄒᆞᆯ지의

태평ㅣ삽ㅓ 공산당의당우당

一、저산을 난화 가지자 ᄒᆞᆷ이라 모든 사ᄅᆞᆷ의저
산을 토디건축등 모든 부동산ᄭᅡ지 다압ᄒᆞ여다
가 평균히 난화 차지ᄒᆞ게 ᄒᆞ자 ᄒᆞᆷ이니 이거슨
가난ᄒᆞᆫ 사ᄅᆞᆷ은 좋은 환영ᄒᆞ겟지만은 토디를평
균히 난화 잇진후에 재오부사ᄅᆞᆷ이 ᄂᆞᆫ소몰안
이ᄒᆞ던지 일을 안이ᄒᆞ던지 ᄒᆞ야 토디를 다 바
리게되면 엇지ᄒᆞ겟ᄂᆞ뇨 부즈런ᄒᆞᆫ 사ᄅᆞᆷ들이 부
즈런히 일ᄒᆞ야 개오ᄒᆞᆫ 가난ᄒᆞᆫ이ᄅᆞᆯ 먹이야잇기
시오 이 가난장이는 ᄎᆞᄎᆞ 수효가 늘어서 장ᄎᆞ
는 저미다 일안이ᄒᆞ고 엇어 먹오리는지이구ㄱ
중에 가득ᄒᆞᆯ기시며

二、자본가를 입시ᄒᆞ자 ᄒᆞᆷ이라 모든 부자의 돈
을 압ᄒᆞ여다가 균평히 난화가지고 살게ᄒᆞ면부
자의 당ᄒᆞᆫ노릇ᄒᆞᄂᆞᆫ 폐단은 막켓거니와 저정가
들의 경쟁이 업서지면 상업과 공업이 발달되
기어려우리니 사ᄅᆞᆷ의 지혜가 막키고 모든미ㅅ
미묘ᄒᆞᆫ 기계가 이잣이 다 스ᄉᆞ로 폐ㅣ되이 지
금에 세승ᄒᆞᆫ세ㅇ의 모든 문진이 디진보되지
못ᄒᆞ며 쌋잇쉬 미넘니 ᄒᆞ서엇지라 자본가이ᄅᆞᆯ
ᄒᆞ기는 어리우리니 세법률로 제정ᄒᆞ야 노릇하

태평양잡지　공산당의당부당

평등세력을 가지게 ᄒᆞ는거시 나홀러이며
三、지식계급을 업시ᄒᆞ자 홈이니 모든 인민의 보통상식정도를 놉혀셔 지금에 학식으로 량반 노릇ᄒᆞ는 사ᄅᆞᆷ들과 비등ᄒᆞ게 되자 ᄒᆞ는거순가 ᄒᆞ거니와 지식계급을 업시ᄒᆞ자 홈은 불가ᄒᆞ며
四、종교단톄를 혁파ᄒᆞ자 홈이라 조고로종교단톄가 공고히 조직되여 그안에 인류계급도잇고 로더쇼유권도 만호며 이 속에서 인민압제와학디를 만히 ᄒᆞ엿ᄂᆞ니 모든 구교숭비ᄒᆞ던나라에셔는 이 폐히를 다 알지라 그러나 지금새교회의 제도는 이런 폐단도 업고 김ᄒᆞ야 평등자유의 ᄉᆞ상이 본ᄅᆡ 셜교확장되는중에서 발전된거시라교회 조직을 업시ᄒᆞ는날은 인류먹의상 손히가 다대홀거시며
五、정부도 업고 군ᄉᆞ도 업스며 국가 ᄉᆞ상도 다 업시ᄒᆞᆫ다 홈이라 이에 ᄃᆡᄒᆞ야는 공산당 속에서도 리론이 만홀쁀더러 지금 공산당ᄒᆞ주장ᄒᆞᆫ다는 아라사로만 보아도 정부와 인도자와군ᄉᆞ가 업시는 부지홀슈업는 ᄉᆞ정을 조키ᄅᆞᆯ도다 나는바ㅣ라 더 설명을 요구치안키니와 설명세

十八

상이 다 공산당이 되며 동셔양 각국이 다 국가를 업시ᄒᆞ야 세계덕 빈성을 일우며군ᄉᆞ를 업시ᄒᆞ고 총과 창을 녹여서 호미와 보습을 만들지라도 우리 한인은 一셩단결로 국가를 몬저 회복ᄒᆞ야 세계에 당당ᄒᆞᆫ 자유국을만들어노코 군ᄉᆞ를 깁니셔 우리 젹국의군함이 부산항구에 그림자도 보히지 못ᄒᆞ게 만든후에야 국가주의를 업시홀 판데라도 새ᄋᆞ각ᄒᆞ지 그지에는 셜령 국가주의를 바리셔 우리二千만이 모도 다 밀넌에아가 된다 홀지라도 우리는 원치 안이홀지라

우리 한족에게 뎨一 급ᄒᆞ고 뎨一 긴ᄒᆞ고 뎨一큰 거슨 광복ᄉᆞ업이라 공산주의가 이일을 도올슈 잇스면 우리는 다 공산당되기를 지체치 안으려니와만一 이일이 방히될것 ᄀᆞᇀ호면 우리는 결코 찬성홀슈 업노라

# 다섯 번째 선물

•

## "옜다 땅이다"

### 국민을 만들고 경제건설의 토대를 쌓다

# 농지개혁이 오늘의 대한민국을 있게 했다

**배진영**
월간조선 기자

루이스 이나시오 룰라 다 시우바 전 브라질 대통령. 최근 부패 스캔들로 스타일이 많이 구겨지기는 했지만, 얼마 전까지만 그는 굉장히 각광받는 지도자였다. 그가 펼친 과감한 복지 확대 정책의 수혜자인 브라질 민중들은 말할 것도 없고, 조갑제 전 「월간조선」 사장 같은 한국의 '보수'언론인도 좌파 출신이면서도 이념에 매몰되지 않는 실용적 리더십을 발휘한 그에게 여러 번 좋은 점수를 주었다. 그 룰라가 한참 잘 나가고 있던 2004년 8월 '중앙일보'와 인터뷰를 했다(2004년 8월 16일자 '변화하는 남미'(1)-룰라 브라질 대통령 인터뷰). '중앙일보' 기자가 물었다.

"브라질처럼 풍부한 자원을 가진 나라에 어째서 5,000만 명이 넘는 절대빈곤층이 존재하는 겁니까?"

룰라와 브라질의 아픈 곳을 제대로 찌르는 질문이었다. 룰라의 대답은 이랬다.

"한국은 과거 50년대에 농지개혁을 했지만 브라질은 그러지 못했고, 아직도 그것이 풀어야 할 숙제입니다. 브라질의 경제는 사회개혁 없이 심각한 불균형 성장을 해왔던 것이 문제지요."

이 기사를 읽는 순간 정신이 번쩍했다. "룰라가 한국의 농지개혁을 아는구나. 한국의 농지개혁은 외국에서도 알아주는 '세계사적인 사건'이구나."

언젠가 이 이야기를 주대환 사회민주주의연대 대표에게 했다. 주 대표는 '좌파'이기는 하지만 대한민국의 건국과 성취를 긍정하는 인물. 농지개혁에 대해서도 높이 평가해 온 그는 무릎을 쳤다. "아! 룰라가 그런 얘기를 했군요!" 이후 주 대표는 언론 인터뷰 등에서 이 이야기를 곧잘 인용했다.

룰라의 12년 전 인터뷰 기사를 소개한 것은 거기에 이 글의 결론이 들어 있기 때문이다. 룰라는 "자원도 빈약하고 지지리도 가난했던 대한민국이 오늘날 세계 11위의 경제대국, 세계 6위의 수출대국(2015년 기준)으로 우뚝 설 수 있게 된 근본적인 요인은 바로 '농지개혁'에 있다"고 말한 것이다. "브라질의 경제는 사회개혁 없이 심각한 불균형 성장을 해왔던 것이 문제"라는 룰라의 말 속에는 가장 근본적인 '사회개혁'인 농지개혁에 성공한, 그 결과 가난을 몰아내는 데 성공한 대한민국에 대한 부러움이 녹아 있다.

이쯤해서 볼멘소리로 따지고 드는 사람들이 있을 법 하다.

"잠깐! 농지개혁이 성공적이었다고? '유상(有償)몰수/유상분배'한 농지개혁은 실패작이야. 하려면 북한처럼 '무상(無償)몰수/무상분배'를 했어야지!"

"'흙수저의 나라', '헬조선'인 대한민국이 사회개혁을 했다고? 헐~~~"

이런 소리를 하는 사람들이 누구인지는 안 봐도 비디오다. 대학 들어가는 순간부터 '무상몰수 무상분배'를 한 북한의 토지개혁이 선(善)이요 '유상몰수/유상분배'였던 대한민국의 농지개혁은 잘못된 것이었다고 입력된 386세대(이들은 대학 시절 이후 업그레이드가 안 되었기 때문에 486이나 586이 아니라 여전히 386이다)나, 그 세대의 전교조 교사나 '국사업자'들이 쓴 고등학교 한국사교과서로 배운 어린 고등학생, 대학생들일 것이다.

하지만 그들에게 말해 주어야 한다. 대한민국의 농지개혁은 성공적이었다고! 농지개혁 덕분에 대한민국은 '흙수저가 없는 나라, 우리나라 좋은 나라'로 출발할 수 있었다고! 농민이 전체인구의 70.9%에 달하던 그 시절 농지개혁이 있었기에 '대한민국 국민'이 만들어졌고, 공산침략을 막아낼 수 있었고, 신생 대한민국이 살아남을 수 있었다고! 농지개혁이 있었기에 1960~70년대의 비약적인 경제성장이 가능했다고! 북한의 '무상몰수 무상분배'식 토지개혁은 농민에 대한 사기극이었고, 300만 명이 굶어죽은 '고난의 행군'으로 가는 입구였다고!. 아, 여기에 꼭 덧붙여야 할 얘기가 있다. 그 성공한 대한민국 농지개혁의 중심에는 한 사람이 있었다고, 그의 이름은 '이승만(李承晩)'이라고!

('농지개혁'은 전답(田畓)만을 대상으로 하는 경우에만, '토지개혁'은 전답과 산림, 과수원 등도 포함하는 경우를 이르는 말이다. 북한에서는 전답, 산림, 과수원은 물론 가축과 농기구까지 분배 대상으로 삼았기에 '토지개혁'이라는 말을 쓴다. 남한의 경우는 당초 '토지개혁'논의로 시작했으나, 결국은 전답만을 대상으로 하는 '농지개혁'으로 귀결되었다. 본

문 중에는 일반론으로서의 '토지개혁'을 이야기할 때에는 '토지개혁'을, 건국 후의 농지개혁에 대해서는 '농지개혁'을 사용한다)

## 농지개혁 前史 – 美군정과 북한의 토지개혁

### '토지개혁 전도사' 라데진스키

"나는 1921년 초에 러시아를 떠나기 전에 경험을 통해 얻은 교훈 때문에 이 일을 하게 됐습니다. 바로 농민들에게 토지를 돌려줌으로써 단호하게 토지문제를 해결하지 않았다면 공산주의자들은 결코 권력을 잡지 못했을 것이라는 교훈 말입니다."

미(美) 국무부 관리로 맥아더사령부에 파견되어 일본의 농지개혁을 추진했던 울프 라데진스키(Wolf Ladejinski)의 말이다. 우크라이나 태생으로 러시아혁명 후 미국으로 이주한 그는 리버럴한 '뉴딜 보이'였다. 그는 러시아혁명에서 교훈을 얻어 토지개혁이야말로 공산주의를 막는 첩경(捷徑)이라고 역설했다. 그는 중국 국민당 정부가 토지개혁을 하지 않으면

내전에서 승리할 수 없을 것이라고 경고했고, 맥아더사령부에게도 일본 사회를 안정시키기 위해서는 토지개혁이 필요하다고 설득했다. 필리핀 등 동남아 국가에서도 그는 '토지개혁의 전도사'로 활약했다.

라데진스키의 얘기를 하는 것은 토지개혁이 그 당시 일종의 '시대정신'이었음을 상기시키기 위해서이다. 농지개혁은 이승만 한 사람의 혜안의 소산이 아니었다. 전(前)근대적 지주-소작 관계 아래 놓여 있던 아시아 모든 나라의 숙제였다. 노동자계급이 제대로 형성되지 않은 단계에서 중국이나 북한의 공산주의자들은 레닌이 그랬듯이 토지개혁의 기치를 높이 세우고 농민들을 포섭했다. 라데진스키의 경고에서 보듯이 미국은 선제적으로 토지개혁을 해서 공산혁명의 확산을 예방하려 했다.

일본에 진주한 맥아더사령부는 1945년 12월 일본정부에게 '농민해방에 관한 지령'을 하달, 농지개혁을 촉구했다. 이에 따라 일본정부는 이듬해 9월 '자작농창설특별조치법'과 '농지조정법'을 제정, 세 차례에 걸쳐 농지개혁을 단행했다.

한국(남한)의 농지개혁 역시 그 연장선상에서 이해해야 한다. 우선 해방 후 남한에 진주한 미군정은 흔히들 알고 있는 것과는 달리 농지개혁에 상당히 적극적이었다. 해방 당시 총경지의 63.4%가 소작지이고, 전(全)농가의 51.6%가 순소작농, 33.5%가 자작 겸 소작농이었다. 전농가의 85%가 소작농이었던 것이다.

미군정은 남한에 들어온 지 한 달쯤 지난 1945년 10월 5일 군정법령 제9호를 반포, 소작료율이 당해 토지생산물의 최고 1/3을 넘지 못하도록 했다. 이어 같은 해 10월 30일에는 경제 관련 제반 긴급조치를 취하는 군정법령 제19호를 공포하면서 "과거 일인(日人)에게 약탈된 토지를 농민에게 반환하는 것, 농민의 피와 땀으로 이루어진 것을 공평정대하게 분배하는 것"을 당면 목표 중 하나라고 천명했다.

미 국무부는 1946년 2월 미군정청에 토지개혁을 권고했다. 군정청은 이에 호응해 1946년 2월 군정장관 직속으로 '토지개혁법안기초위원회'를 설치했다. 국무부가 파견한 번스조사단(단장 아서 C.번스)이 내한(來韓), 토지개혁을 위한 연구 및 법안 기초작업에 들어갔다. 군정청은 번스 단장의 권고에 따라 1946년 3월 7일 전 일본인 소유 농지를 소작농가에 매각하는 법령 제정 방침을, 이어 3월 15일에는 귀속농지에 대한 불하(拂下)계획을 발표했다. 북한의 토지개혁을 전후한 시기에 미군정도 토지개혁의 필요성을 인식하고, 그 준비에 착수했다는 얘기다.

미국이 토지개혁에 열심이었던 이유 중 하나는 제2차 세계대전 후 정치적으로는 민주주의체제, 경제적으로는 시장경제질서를 바탕으로 하는 새로운 세계질서를 구축하려던 것에서 찾을 수 있다. 해방 후 미국이 38선 이남에 진주한 것이 이후 대한민국의 항로(航路)를 좌우했듯이, 농지개혁 역시 미국의 이러한 의지로부터 영향을 받은 것이다.

## 북한의 토지개혁, '노예의 길'로 가는 첫 걸음

여기에 자극을 준 것이 북한의 토지개혁이었다. 1946년 3월 5일 북조선임시인민위원회는 '토지개혁령'을 반포, 전격적으로 토지개혁을 단행했다. 그 내용은 다음과 같다.

"첫째, 정부가 개혁을 위해 몰수할 토지는 ① 옛 일본인 지주의 토지 ② 민족반역자의 토지 ③ 5정보 이상을 소유한 지주의 토지 ④ 부재지주의 토지 등이며, 그 규모는 북한 총경지면적의 45%에 해당하는 96만 4,000 정보에 달했다.

둘째, 이들 몰수토지는 ① 농촌고용자(머슴) ② 토지 없는 농민 ③ 토지가 적은 농민의 순으로 무상분배 하였는데, 피분배농가 수는 68만 2,000호에 달하였다.

셋째, 이들 피분배농가는 분배받은 토지의 매매·양도·저당·소작 등의 행위가 금지되고, 모든 곡물에 대해 생산량의 25%에 해당하는 현물세를 납부하도록 규정하였다."

북한의 토지개혁은 "토지는 밭갈이하는 농민에게!"라는 달콤한 구호 아래 행해졌지만, 농민들에게 주어진 것은 토지 소유권이 아니었다. 경작권에 불과했다. 농민들은 게다가 25%에 달하는 고율의 현물세를 납부해야 했다.

무엇보다도 중요한 것은 북한의 소련군정과 사실상의 북한정권인 북조선임시인민위원회가 토지개혁을 단행한 것은 인민들을 위한 것이 아니라, 소련의 경험에 바탕을 둔 소비에트화(공산화) 과정의 일환이었다는 점이다. 공산주의자들은 이를 통해 지주와 부농(富農)을 기반으로 하는 조만식의 조선민주당의 계급적 기반을 무너뜨리고, 농민들을 공산당으로 흡수하려 했다. 실제로 1945년 12월 말 현재 6,000명에 불과하던 북한의 공산당원은 1946년 8월에는 13만 4,000여 명으로 늘어났다. 토지개혁 과정에서 지주와 '반동세력'에 대한

잔인한 폭력이 자행됐다. 토지를 빼앗긴 많은 지주와 부농들은 38선을 넘었다.

북한의 농민들은 자기들이 땅주인이 된 걸로 생각했다. 인천상륙작전 당시 연합군에 맞서 싸운 북괴군의 이야기를 다룬 북한 영화 '월미도'를 보면, 한 노병이 젊은 병사들에게 '우리에게 땅을 주신 김일성 장군님을 위해서' 용감하게 싸우자고 호소하는 대목이 나온다. 체제선전영화이기는 하지만, 이 대목은 어느 정도 사실에 근접한 것이라고 생각한다.

하지만 '김일성 장군님'은 전쟁이 끝나기가 무섭게 농민들에게 주었던 경작권마저 빼앗았다. 1954년 11월 말부터 농업집단화에 착수, 모든 농토를 협동농장으로 전환하기 시작한 것이다. 1956년 말에는 80.8%, 1958년 8월 말까지 모든 농민이 협동농장에 편제되었다. "토지는 밭갈이하는 농민에게!"라는 구호는 사기극이었다. 국가가 지주의 자리를 대신했다. 북한 농민들은 신체적·정신적 자유마저 토지에 결박당한 농노(農奴)로 전락했다. 농민들은 의욕을 잃었고, 농업생산성은 지속적으로 떨어졌다. 이는 결국 1990년대 중반 300만 명이 굶어죽는 '고난의 행군'으로 이어졌다. 북한은 토지개혁으로 '노예의 길'로 가는 첫 걸음을 뗐다. 그리고 농업집단화로 '아

귀(餓鬼)지옥'의 문을 열어젖혔다.

### 美군정과 이승만의 줄다리기

미군정은 앞서 말한 번스조사단이 작성한 개혁초안을 과도정부 입법의원에 상정, 토지개혁법 입법을 촉구했다. 하지만 한민당계 지주 출신 등이 다수를 차지하고 있던 입법의원은 심의조차 거부했다. 미군정은 군정청 산하 신한공사 소유의 귀속농지(옛 일본인 소유 토지)만이라도 농민들에게 불하하려고 했다. 하지만 이 역시 좌·우익 모두의 반대에 부딪혔다. 지주 등 우익세력이 기득권을 지키기 위해서 그랬다면, 좌익세력은 미군정이 주도한 토지개혁이 성공해 농민들을 선동할 재료가 사라지는 것을 원치 않았던 것이다.

하지만 미군정은 토지개혁을 포기하지 않았다. 5·10 총선거를 앞둔 1948년 3월 22일, 미군정은 법령 제173호를 반포, 신한공사를 해체하고 공사 소유 귀속농지를 농민들에게 분배했다. 농지의 대가(代價)는 평년 소출의 300%로 하되, 해마다 소출의 20%씩 15년에 걸쳐 현물로 갚게 했다. 이 법령을 공포할 때, 윌리엄 딘 군정장관(6·25 당시 미24사단장으로 참전, 대전방어전 지휘하다가 북괴군의 포로가 됨)은 "본관은 조선 농부들이 오랫동안 가져온 꿈을 실현시키는 법령에 서명하였다"면서 "법령 제173호로 말미암아 50만 세대의 소작인은 자유국가의 자유지주가 된 것"이라고 선언했다. 신한공사 소유 귀속농지의 분배작업은 1952년 기준 대상면적의 91.4%가 분배되었다.

이대근 성균관대 명예교수는 이에 대해 "미군정은 귀속농지 불하작업을 통해 이후 건립될 한국정부에게 농지개혁은 피해갈 수 없는 과제라는 인식을 확실하게 심어주려 했다"면서 "미군정에 의한 귀속농지 불하작업이 결과적으로 정부 수립 후 한국정부에 의한 농지개혁을 앞당기게 한 결정적인 배경으로 작용했을 뿐 아니라 그를 위한 선행적(先行的)인 모델까지 제공했다는 점에서 그 역사적 의미가 매우 크다"고 말한다.

미군정이 5·10총선을 40여일 앞둔 시점에서 귀속농지 분배를 강행한 데에는 정치적 의도도 있었다.

첫째는 공산주의자들과 농민들 사이를 차단하고, 선거에 우호적인 환경을 조성하는 것이었다. 이는 좌익단체들의 통일전선체인 민주주의민족전선(민전)이 낸 비난성명에서도 짐작할 수 있다. 민전은 "괴뢰적 반동 단정 조작을 위한 남조선

단선을 앞두고 농민의욕을 사서 득표를 노리자는 것이자, 전농안(全農案)에 표시된 민주적 토지개혁을 요망하여 투쟁하고 있는 남조선인민의 투쟁의욕을 토지를 농민에게 준다는 허울 좋은 기만으로 거세하자는 것"이라고 비난했다. 이는 공산주의자들이 토지개혁을 소리 높여 외쳤던 이유가 농민들을 혁명에 동원하기 위한 것이었음을 실토하는 것이나 다름없다.

또 다른 정치적 이유는 바로 '이승만 견제'였다. 딘 장관이 군정법령 제173호를 공포하기 7개월 전인 1947년 8월 25일 당시 군정장관이던 아처 L.러치 소장은 과도입법의원에 농지개혁법 제정을 재촉하는 공문에서 이렇게 말했다.

"남조선과도입법의원은 민주주의 건설을 위하여 많은 진전을 해 왔으나 광대한 농지가 중앙정부의 소유로 되어 있는 한 농민을 위한 진정한 민주주의 달성 노상에는 아직도 허다한 일거리가 남아 있는 것입니다. 본관 생각에는 정부소유 토지를 관리하는 강력한 기관이 존속되어 조선 농민에 대해 지주 격의 역할을 하는 것은 장차 그 어느 독재자의 출현을 공공연히 초래시키는 것밖에 안 되는 것입니다. 본관이 이에 입법의원이 긴급조치를 취하시어 전 일인소유 농지를 조선농민에게 처분하고 신한공사를 속히 해체케 할 법령을 제정하시기를 요망하는 것입니다."

'어느 독재자의 출현'이라니? 이건 다분히 이승만을 의식한 발언임에 틀림없다. 당시 신한공사는 남한 경지총경지면적의 13.4%(28만2480)정보를 점유하고 있었다. 신한공사 소유토지를 소작하는 농민은 총 농가수의 27%인 55만 4000호에 달했다. 신한공사는 특히 비옥한 호남의 농지를 많이 소유하고 있었는데, 여기서 남한에서 생산하는 쌀의 25%가 나왔다. 미군정은 결국 이승만이 독립 한국의 대통령이 되었을 때, 이 엄청난 자산이 이승만의 손에 들어가서 이승만 정권의 물적(物的) 기반이 되지 않을까 우려했던 것이다. 아울러 이승만을 정치무대에서 배제하기를 원했던 미군정으로서는, '농지개혁'이라는 업적을 가지고 전체 국민의 70.9%에 달하는 농민들을 장악할 수 있는 '정치적 선물'을 이승만에게 주고 싶지 않았을 것이다. 우리는 여기서도 미군정(그리고 그 배후에 있는 국무부)과 이승만의 뿌리 깊은 갈등을 엿볼 수 있다.

이승만도 미군정의 속내를 모르지 않았던 것 같다. 미군정청이 법령 제173호를 공포하자 이승만은 격렬히 반발했다. 이승만은 이 법령이 공포되기 직전인 3월 20일, 자신의 홍보고문인 로버트 올리버에게 보낸 편지에서 "그러므로 이것은 적산(敵産)이 아니라 법적으로 한국국민들에게 속하는 재산이고, 미군정은 한국국회의 동의 없이는 그것을 처분할 권리가 없다"고 불만을 토로했다. 그러면서 그는 이렇게 말했다.

"우리가 집권하게 되면 한국의 파시스트니, 반동분자니, 극우분자니 운운하는 자들은 우리가 이 나라를 얼마나 자유롭게 이끌고 가는지를 보고 놀랄 것이오. 토지개혁법안이 첫 번째 법률이 될 것이고, 그 밖의 많은 자유주의적 움직임이 뒤를 이어 이루어질 것이오."(로버트 T. 올리버, 『건국과 나라수호를 위한 이승만의 대미투쟁』 중에서)

올리버는 이승만의 뜻에 따라서 미 국무부, 전(前) 군정청 경제고문 아서 C.번스 등을 찾아다니면서 군정청의 조치가 부당하다고 항의했다.

## 이승만의 농지개혁 철학

이후 5·10 총선거를 통해 제헌국회가 구성되었다. 1948년 7월 17일 공포된 제헌헌법은 제86조에서 "농지는 농민에게 분배하며 그 분배의 방법, 소유의 한도, 소유권의 내용과 한계는 법률로써 정한다"고 규정했다. 농지개혁은 신생 대한민국의 피할 수 없는 헌법적 과업이 된 것이다.

이승만은 농지개혁을 책임질 초대(初代) 농림부 장관에 공산주의자였다가 전향한 조봉암을 임명, 세상을 깜짝 놀라게 했다. 농지개혁에 대한 그의 의지를 보여주는 대목이다. 이승만은 올리버에게 보낸 편지에서 "조봉암을 기용한 것은 농민들을 장악하기 위해서"라고 솔직히 털어놓았다. 유영익·김성호 등 연구자들은 이승만이 농지개혁에 임하게 된 동기로 다음 세 가지를 든다.

### "농지개혁법은 班常 차별 없애는 근본적 해결책"

첫째, 오랜 기간 동안 양반·지주계급의 착취에 시달려 온 '가난한' 소작농들을 경제·사회적 질곡에서 해방시키겠다는 인도적 동기다.

이승만은 1948년 9월 30일 이범석 국무총리가 대독(代讀)한 국회시정(施政)연설에서 이렇게 말했다.

"민생문제 해결에 있어서 항상 나의 가슴을 아프게 하는 것은 농민과 노동자의 생활향상의 염원이니, 정부는 농민과 노동자의 생활향상을 위하여 시급한 대책이 있을 것입니다. 전자에 있어서는 헌법의 조항에 의거하여 앞으로 토지개혁법이 제정 시행될 것이니, 토지개혁의 기본목표는 전제적(專制的)·자본제적 토지제도의 모순을 제거하여 농가 경제의 자주성을 부여함으로써 토지생산력의 증강과 농촌문화의 발전 기여에 지향될 것인 고로, 먼저 소작제도를 철폐하여 경자유기전(耕者有其田)의 원칙을 확립할 것이나, 농민대중의 원하는 바에 의하여 정부는 균등한 농지를 적당한 가격 또는 현물 보상의 방식으로써 농민에게 분배할 것입니다.…"

이승만은 그해 12월 4일에 행한 '토지개혁문제'라는 제목의 라디오 연설에서도 이렇게 말했다.

"원래 하나님이 세상을 창조하실 적에 양반과 상놈을 구별하거나 부자와 빈민을 인(印)쳐서 낸 것이 아닙니다. 모든 사람이 다 동등으로 천연적 복리를 누리게 한 것인데, 그중에서 지혜도 있고 능력도 있는 사람들이 모든 재원을 욕심껏 점령하여 사유물을 만들어 자자손손이 유전해서 필경은 몇몇 사람의 소유물로 인정을 받게 된 고로, 인군(人君) 된 이는 그 나라가 다 자기 사유물이라 하였으며 세가(勢家)와 부자들은 광전옥토(廣田沃土)를 다 자기들의 물건으로 만들었으므로, 대다수 민중은 남의 세상에 부쳐서 남을 위하여 사는 것으로 알게 되었나니, 그 결과를 보면 실상 그 나라 주인 되는 대중인민은 거의 소유권을 다 잃어버리고 몇몇 사람들이 주인이 되어 복리를 독점하게 된 것입니다. 이 중에서 몇 천 년을 지내오고 보니 이것이 자연 법이 되고 습관이 되어서 천지에 떳떳한 이치로 알기에 이른 것입니다. 그래서 부자는 대대로 부자요 양반은 대대로 양반으로 지냈으니, 이와 같이 불공평하고 부조리한 일은 다시없을 것입니다. 지금 우리가 주장하는 민주정체의 주의는 반상(班常)이라 귀천(貴賤)이라 하는 등분이 다 없고 모든 인민이 평등 자유로 천연한 복리를 다 같이 누리게 하는 것입니다. 이 주장을 세우기 위하여 그 근본적 병통을 먼저 교정하여야만 모든 폐단이 차서로 바로잡힐 것이므로, 토지개혁법이 유일한 근본적 해결책이라는 것입니다."

꼭 장 자크 루소의 『인간불평등기원론』을 보는 것 같은 느낌이다. 이어 이승만은 1946년 2월에 이미 '과도정부 당면정책'에서 토지개혁 문제를 제의했음을 상기시키면서, 정부가 추진하고 있는 농지개혁법의 개요를 설명했다.

"우리나라에 소위 국유지(國有地)라는 농토와 적산토지를 합하여 다 민유지(民有地)로 분배시킬 것인데, 땅 없는 농민들에게 넉넉히 나누어서 작농(作農)하게 하되 그 땅을 그저 내주는 것이 아니고 적당한 가격을 정하여 매년 얼마씩 정부에 보상하기로 약조를 정하고 팔게 할지니, 보상하는 조리(條理)와 몇 해 만에 다 갚는다는 등 세절목(細節目)은 다 국법으로 정하게 될 것이니, 미리 말할 수 없으나 대체로 말하자면 농민이 그 땅에서 자농(自農)하여 묵히는 땅이 없고 그 소출미곡으로 가족의 1년 계량(計糧)을 제하고는 여유를 팔아서 돈으로 바치거나 미곡을 대신하여 몇 해 만에 다 완납한 후에는 정부에서 문서를 주어서 영구히 농민의 사유지(私有地)로 만들 것이니, 이것이 즉 우리 정부에서 주장하는 토지개혁책의 요점이요 모든 농민은 이대로 되기를 바라며 또한 노력할 것입니다."

이승만은 대지주 소유 토지의 처리와 관련해 "중간에 와서 무슨 방식으로든지 소유권을 가지게 된 것은 누구나 인정치 않을 수 없는 것이니, 이 대지주들의 땅을 무조건하고 몰수한다는 것은 법리(法理)도 아니요 공의(公義)도 아닐 것이므로 이 지주들의 소유권은 인정할 뿐만 아니라 국법으로 보호하는 것이 민주주의의 피할 수 없는 사실"이라고 말했다. 사유

재산권제도에 대한 이승만의 인식을 엿볼 수 있는 대목이다. 그러면서도 이승만은 "이 지주들의 소유권만 존중히 여겨서 그냥 방임할 수는 없을 것"이라면서 "지주들이 각각 자기 소유지를 자기가 경작하지 못하고 농민을 시켜서 경작케 하여 소출을 지주에게 바쳐서 지주는 일 아니 하고 편안히 앉아서 대대로 부유히 살게 되며 혹 심한 자는 도조(賭租·남의 농지를 부치고 그 세로 해마다 내는 곡식)를 높여서 경작인이 먹고살 것도 부족하게 만들어서 평생 노력한 것이 간신히 생명이나 부지하고 남 잘살게만 만들어주고 있으니, 그 결과를 해석하여 보면 즉 노예나 우마의 생명과 별로 다를 것이 없게 되니, 이것은 경제발전에만 손해가 아니라 인류상 도의에 크게 위반되는 것"이라고 지적했다.

### "자본을 만들어야 공업에 착수할 수 있을 것"

둘째는 토지자본을 산업자본으로 전환시켜 경제발전을 도모하겠다는 경제적 동기이다. 이승만은 앞에서 말한 방송연설에서도 이렇게 말했다.

"우리나라의 자본은 대부분이 토지에 있나니 지주들이 다 토지를 내어놓고 그 가격을 받아서 자본을 만들어야 공업에 착수할 수 있을 것이므로, 정부에서는 토지대가를 갚아줄 것이 큰 문제가 되니, 이것은 정부와 국회에서 무슨 특별한 방법이 있어서 지금 지주들로 하여금 상당한 자본을 얻게 하는 것이 긴요한 문제이니, 이것은 많은 연구로 해결책이 생기기를 바라는 것입니다."

### "공산당을 막으려면 농지개혁을 빨리 해야 해"

셋째는 농지개혁을 단행해 농민들을 앞세운 공산혁명을 예방하는 한편, 호남지주들이 중심이 된 한민당의 영향력으로부터 농민들을 차단하고 농민들을 자신의 정치적 기반으로 삼으려는 정치적 목적이다. 어쩌면 현실정치가인 이승만으로서는 이 목적이 가장 컸을 지도 모른다.

1949년 4월 30일 정기국회 폐회식에서 이승만은 "공산분자가 전국을 파괴하려고 할 때에 제일 많은 민중의 힘을 얻어가지고 하는 것이 농토개혁 문제"라고 지적했다. 농지개혁 당시 농림부 장관을 지낸 윤영선은 이렇게 증언했다. "대통령은 전쟁 수행으로 다른 일을 돌볼 틈이 없었지만 농지개혁만은 예외여서 기회 있을 때마다 '공산당을 막으려면 농지개혁을 빨리 해야 해'라고 말했습니다. 대통령이 전쟁의 북새통 속에서도 개혁을 서두른 것은 농지개혁은 공산당만 할 수 있다는 선동을 봉쇄해 영세소작인의 반공정신을 일깨우는 것, 피란지주의 생계를 돕는 것, 그리고 군량미 조달의 뜻이 있었습니다."

이에 관해서는 당시 대한민국의 건국에 참여했던 지도자들 사이에서도 공감대가 형성되어 있었다. 한민당과 가까웠던 유진오는 제헌헌법에 농지개혁 관련 조항을 집어넣으면서 "공산주의를 예방하는 최량(最良)의 방법은 농지개혁"이라고 역설했다. 한민당의 리더로 그 자신 호남의 대지주이기도 했던 김성수도 이 주장을 받아들였다.

하지만 이승만은 공산주의 국가의 '무상몰수 무상분배' 방식의 토지개혁은 단호히 거부했다.

"공산제도를 행하는 나라에서는 지주의 땅을 건몰(乾沒·관청에서 몰수함)해서 소작인에게 나누어준다 하나 실상은 농민에게 주는 것이 아니요 농민들에게 맡겨서 경작하게 하고 그 땅은 정부에서 차지하고 있으므로 그 실상을 말하자면 공산제도가 토지를 인민에게 분배하는 것이 아니라 정부에서 빼앗아서 정부가 대지주가 되고 농민들은 다 소작인으로 경작해서 정부에 바치기만 할 뿐이니, 부유한 대지주에게 세를 물고 얻어 경작하느니보다 정부의 땅을 얻어서 경작하는 것이 더욱 자유롭지 못하고 속박을 받는 것이니, 전에는 부호의 노예 되던 것이 지금은 정부의 노예가 된다면 경제상 이해에 무슨 차별이 있으며 농민생활에 아무 도움도 없을 것입니다."

이때는 아직 북한이나 동유럽에서는 토지개혁은 했지만, 농업집단화는 아직 하지 않고 있었다. 중국은 아직 내전 중이어서 중화인민공화국(중공)은 수립되기 전이었다. 1930년대에 농업집단화를 완료한 소련이 있었지만, 그 문제점이 외부에 충분히 드러나지는 않고 있었다. 이런 상황에서 이승만은 공산당식 토지개혁이 '노예의 길'임을 정확하게 지적한 것이다. 그럼에도 불구하고 아직도 우리 곁에는 '무상몰수 무상분배' 타령을 하는 청맹과니들이 있다.

## 농지개혁법 제정 경과와 그 내용

### 정부와 국회의 줄다리기

정부가 수립되자마자 이승만은 농지개혁법 입법을 서둘렀다. 농림부 직제가 공포되기도 전인 1948년 9월 7일 농지개혁법 기초위원회(위원장 조봉암 농림부 장관, 부위원장 이순탁 기획처장, 강정택 농림부 차관)가 발족한 데서도 이승만이 얼마나 농지개혁에 열심이었는가를 짐작할 수 있다. 국회에서 농지개혁법이 논의되면서 지주들이 토지를 방매(放賣)하는 일이 벌어지자 이승만은 이듬해 2월 11일 지주들의 악질적인 방매 행위를 당국에 신고하라는 담화를 발표하기도 했다.

농지개혁법안 논의가 시작되자, 정부와 국회, 심지어는 정부 내에서도 논란이 거듭됐다. 주된 쟁점은 분배 대상 토지의 면적, 보상지가(지주들이 받아야 할 땅값), 보상방식과 내용, 상환지가(농민들이 내야 할 땅값), 상환방식과 내용 등이었다.

아래의 [표]에서 보듯이 농림부안(案)은 가급적 많은 토지를 분배 대상으로 삼고, 상환지가를 낮추는 등 농민들의 부담을 덜어주려 했다. 기획처안은 정부의 부담을 더는 데 방점을 두었다.

이에 비해 국회 산업위원회의 안은 지주들의 이익을 많이 반영하고 있다. 이는 국회 산업위원회에 호남 지주들이 주력이 된 한국민주당(나중에 민주국민당으로 개편) 소속 의원들이 많이 있었기 때문이다. 한민당(민국당)으로서는 농지개혁을 거부하고 싶었겠지만, 그들도 시대정신을 거부할 수는 없었다.

| 정부 / 내용 | 농림부안 | 기획처안 (정부안) | 산업위원 회안 (국회안) | 최초 법률 | 개정 법률 |
|---|---|---|---|---|---|
| 분배대상 토지 | 2정보 이상 | 3정보 이상 | 3정보 이상 | 3정보 이상 | 3정보 이상 |
| 보상지가 | 150% | 200% | 300% | 150% | 150% |
| 보상방식과 내용 | 3년 거치 10년 균분 (연20%) 기업자금 담보활용 | 10년 균분 (연 20%) 기업자금 담보활용 | 10년 균분 (연 300%) 지주 전업 알선 | 5년 균분 (연 30%) 지주 전업 알선 | 5년 균분 (연 30%) 지주 전업 알선과 기업 자금 담보 |
| 상환지가 | 120% | 200% | 300% | 125% | 150% |
| 상환방식과 내용 | 6년 균분 (연 20%) 정부지원 30% | 10년 균분 (연30%) | 10년 균분 (연 30%) | 5년 균분 (연 25%) 정부지원 25% | 5년 균분 (연 30%) |

**[표] 농지개혁법안 비교**

대신 그들은 국회심의를 늦추면서, 보상지가를 높이고 '지주 전업알선'조항, 즉 지주들이 우선적으로 귀속재산(기업)을 불하받을 수 있도록 하는 조항을 삽입하는 등 지주들의 이익을 최대한 챙기려 했다.

분배 대상 토지의 면적을 2정보로 하느냐 3정보로 하느냐가 쟁점이 된 것은 머슴을 쓰지 않고 자작(自作)할 수 있는 한계가 2정보였기 때문이다.

국회에서 1949년 6월 15일 제정하고 그 달 25일 공포된 농지개혁법은 평년작의 150%를 땅값으로 지주에게 보상하도록 했다. 농민들은 평년작의 25%를 5년에 걸쳐 현물로 상환하도록 했다. 보상지가(평년작의 150%)와 상환지가(평년작의 125%)간의 차액 25%는 정부재정으로 부담하도록 했다.

하지만 1948년도 총세입의 19.1%만을 정상적인 조세수입으로 충당하던 상황에서 이것은 무리한 주문이었다. 이승만은 산타클로스가 아니었다. 산타클로스가 될 능력도 없었다. 이 법률 안에는 그밖에도 크고 작은 모순점들이 있었다. 결국 이 법은 시행되기도 전에 개정논의에 들어갔다. 우여곡절 끝에 최종적으로 확정된 농지개혁법에서는 보상지가와 상환지가를 모두 평년작의 150%로 통일, 정부의 부담을 없앴다.

### 농지개혁의 실행

개정 농지개혁법이 공포된 것은 1950년 3월 10일이었다. 이 법의 시행령이 공포된 것은 그해 3월 25일, 시행규칙이 공포된 것은 4월 28일이었다. 그리고 농지분배에 대한 세부규정과 요령을 담은 농지분배점수제규정이 공포된 것은 6·25전쟁이 터지기 이틀 전인 그해 6월 23일이었다. 때문에 종래에는 6·25전에는 농지개혁법에 따른 농지매수 및 분배가 이루어지지 못했으며, 이승만 정권은 전쟁 중에 북한이 점령지에서 실시한 토지개혁에 자극을 받아 수복 후에야 마지못해서 농지개혁을 실천에 옮기기 시작했다는 것이 통설이었다.

『한국전쟁의 기원』으로 유명한 브루스 커밍스는 이렇게 주장한다.

"1950년 11월 비밀문건에서 미국 관리가 증언한 바에 따르면, "전쟁이 터지기 전에 우리는 경제협력처(ECA)로부터 한 필지의 땅에 대한 분배도 완료되었다는 보고를 받은 바가 없었다. 그리고 다른 곳으로부터도 우리는 이러한 보고를 받은 바 없었다"는 것이다. CIA의 보고에 따르면, 이승만은 1950년 10월에도 다시 농지분배를 연기하려 했다는 것이다. 그것은 그가 개혁을 늦추거나 없앰으로써 한국의 정치·경제의 삶에서 자신들이 누려왔던 전통적 지배권을 유지하려는 '지주계급'의 압력을 받았기 때문이었다."

일본 학자 사쿠라이 히로시(櫻井浩)도 "농지분배에 대한 세부규칙이 전쟁 발발 이틀 전인 6월 23일에 공포되었다는 사실로 미루어 볼 때, 전쟁이 벌어지기 전에 농지가 분배될 수는 없었다. 따라서 농지개혁은 서울을 수복한 이후인 10월경에야 이루어질 수 있었다"고 주장한다.

하지만 이런 주장은 이미 오래 전에 깨졌다. 김성호 등이 중심이 된 한국농촌경제연구원 연구진은 1980년대 중·후반에, 시행령이 공포된 1950년 3월 25일 이전에 농지분배가 거의 완료되었음을 밝혀냈다.

사실 이건 상식적으로 납득하기 어려운 얘기다. 앞에서 말한 것처럼 개정 농지개혁법은 1950년 3월 10일, 시행령은 그해 3월 25일, 시행규칙은 4월 28일, 농지분배점수제규정은 6월 23일에 공포되었기 때문이다. 그런데 시행령이 공포되기도 전에 농지분배가 거의 완료됐다?

실상은 이렇다. 1949년 6월 최초의 농지개혁법이 공포된 직후, 정부는 바로 '농촌실태조사'에 착수, 같은 해 말에 완료했다. 이 조사의 결과 매수농지의 면적이 확정됐다. 이후 매수농지에 대한 구체적 내용(지번·지목·지적·등급·임대가격·주재배물·지주·경작자 등)을 기재한 '농지소표(農地小票)'가 작성됐다. 이를 다시 분배받을 농가별로 정리한 '농가별 분배농지 일람표'가 동·리별로 1950년 3월 10일까지 만들어졌다. 이 일람표는 3월 15일~24일 읍·면사무소에서 모든 사람들에게 공람되었다. 이의신청이 없는 경우 모든 분배대상 농지는 일람표에 기재된 농가의 소유로 확정됐다. 4월 5일부터는 농민들에게 농지분배예정통지서가 발송되었다. 이의신청이 있는 경우를 제외하면, 공람 종료일인 3월 24일에 사실상 토지분배가 확정된 셈이다.

당시 사람들도 이 사실을 인식하고 있었다. '부산일보'는 1950년 4월 5일 농지분배예정통지서가 발송되었다는 보도를 하면서 "(이는) 오늘부터 이 땅은 당신에게 분배되었음을 의미하는 것"이라고 했다.

어떻게 이런 일이 가능했을까? 이승만 정부는 1949년 6월 국회를 통과한 첫 번째 농지개혁법에 대해 몇 가지 문제점을 들어 국회에 개정을 요구하기는 했지만, 농지개혁 자체를 거부한 것은 아니었다. 어차피 쟁점이 되는 부분도 보상지가와 상환지가 간의 차액 등 기술적인 부분에 불과했다. 때문에 이승만 정부는 이미 1949년 말에 시행령, 시행규칙 등을 만들어 놓고 있었다. 공포만 하지 않았을 뿐이다. 1950년에 들어서면서는 농지개혁과 관련된 각종 서식(書式)용지들을 지방 일선관서에 내려 보냈다. 농림부가 이렇게 일을 서두른 것은 이승만 대통령이 불도저식으로 농지개혁을 독려했기 때문이다. 당시 자료들을 보자.

“농지개혁사무는 … 예산의 불성립과 농지위원회 미구성으로 천연 중이었던바 대통령 각하께서는 이에 대하여 각별히 진념하시어 작년 12월 15일 국무회의에서 특별교시로 금년 춘경기(春耕期) 이전에 완수하라는 분부가 있었고…”(서산군 농지개혁사무 주무자회의 서류)

“춘경기가 촉박하였으므로 추진상 불소(不小)한 곤란이 유(有)하였으니, 만난(萬難)을 배제하고 단행하라는 대통령 각하의 유시를 받들어 정부로서는 최선을 다하여 실행단계에 돌입한 것이다. 제1단계로서는 소작인에게 파종기 전, 즉 4월 10일까지 농지분배예정통지서를 교부하여 장차 자기 농지가 된다는 것을 전제로 하여 안심하고 파종하라는 것이다.”(농지개혁지침)

지금 같으면 법률, 시행령, 시행규칙이 공포되기도 전에 농지분배 작업에 들어간다는 건 상상조차 하기 어려운 일이다. 담당 장관은 물론 대통령까지도 탄핵을 당할 수도 있는 일이다. 하지만 이승만은 "만난(萬難)을 배제하고 단행하라"며 관계 공무원들을 독려했다. 여기서 우리는 이승만이 농지개혁에 얼마나 열심이었는가를 짐작할 수 있다.

그럼에도 불구하고 이승만이 농지개혁에 소극적이었고, 농지개혁 작업도 지지부진했다는 주장은 여전히 국내에서는 물론 외국에서도 통용되고 있다. 최근에 나온 『아시아의 힘(How Asia Works)』의 저자 존 스터드웰은 이런 주장을 한다. "이승만은 1950년 6월에 한국전쟁이 발발하기 1주일 전에 마침내 시작된 개혁 작업을 계속 머뭇거렸다. 북한은 침공을 시작한 후 남한의 대다수 지역에서 신속하게 농민위원회를 구성하고 100만여 가구에게 50만 헥타르가 넘는 땅을 부상으로 재분배했다. 1950년대 말에 미국과 유엔연합군이 남한을 수복한 후 공산당이 실행한 토지개혁은 불법으로 선언됐다. 이승만은 미국의 재촉으로 뒤늦게 남한의 자체 계획을 실행하는 일에 나섰다. 이 계획은 1952년 말에 완료됐다."

스터드웰의 책은 좌파적인 책이 아니다. 오히려 농지개혁을 바탕으로 산업화에 성공한 한국을 경제발전의 모델로 높이 평가하는 책이다. 그런 책에서조차 이승만은 '미국의 정치적 꼭두각시'이고, 농지개혁의 반대자이고, 그 때문에 농지개혁을 추진했던 조봉암을 처형한 것으로 기술(記述)하고 있다. 이는 외국에서 한국 현대사와 관련해 브루스 커밍스 등 수정주의 사가들의 주장이 아직도 많이 유통되고 있기 때문일 것이다. '이승만 바로 알리기'는 해외로도 확산되어야 한다.

## 농지개혁의 성과

앞에서 농지개혁의 동기를 인도주의적 동기, 경제적 동기, 정치적 동기라는 세 가지 관점에서 살펴보았다. 그럼 농지개혁은 얼마나 소기의 성과를 거두었을까?

### 농지개혁, '국민'을 만들고 나라를 지키다

이승만의 농지개혁으로 58만 5,000정보의 농지가 분배되었다. 한편 농지개혁 논의가 본격화하자 지주들은 시가보다 20~30% 싼값에, 심지어는 나중에 농지개혁법에서 제시한 것보다도 싼 값에 농지를 농민들에게 팔아치웠다. 이렇게 방매(放賣)한 농지가 71만 3,000정보에 달했다. 결과적으로 전체 농지의 92.4%가 농민들에게 돌아갔다.

농지개혁 이전까지 이 땅의 대다수 농민들은 경북 칠곡의 장씨댁, 전북 고창의 김씨댁 소작농일 뿐이었다. 왜놈이나 미군과 자신을 대비(對比)할 때에나 '나는 조선사람'이라는 의식을 갖는 정도였다.

갓 태어난 '대한민국'이라는 나라는 나라 이름부터 생소했다. '조선'이면 '조선'이지 '대한'은 뭐고 '민국'은 뭐람…. 선거를 한다기에 지주댁 아들, 동경 유학 갔다 왔다는 이씨네 아들을 찍어 주었다. 그것도 알고 찍은 게 아니었다. 주위에서 작대기 하나를 찍으라면 작대기 하나를 찍었고, 작대기 셋이 좋다면 작대기 셋을 찍었다. 작대기 다섯 이상은 너무 많아서 그냥 넷을 찍었다. 그렇게 뽑아 놓은 잘난 양반들을 '국회의원'이라고 했다. 그들이 대통령을 뽑았다. 농투성이들은 그걸 '나랏님' '임금님'이라는 의미로 받아들였다. 아직 그들은 '국민'이 아니었다.

그런데 어느날 면서기들이 나와서 땅을 나누어주었다. 처음으로 대한민국이라는 나라가 내게 무엇인가를 해 준 것이다. 땅을 분배받은 국민들은 난생 처음 자신이 대한민국 국민이라는 것을 실감했다.

난생 처음 자기 땅을 갖게 된 이들은 "이승만 박사 덕분에 쌀밥을 먹게 되었다"며 만세를 불렀다. 이후 이들은 이승만 집권기 내내 정권의 지지기반이 되었다. 나폴레옹에 의해 프랑스혁명 이후 분배받은 땅의 소유권을 확실히 인정받게 된 프랑스농민들이 나폴레옹의 열성적인 지지자가 되었던 것처럼…. 땅을 못 가진 농민들은 혁명적이지만, 자기 땅을 가진 농민들은 보수화(保守化) 되는 법이다. 이후에도 마찬가지였다. 여촌야도(與村野都)라는 말이 이래서 나왔다.

공교롭게도 농지분배점수제규정이 공포된 지 이틀 뒤인 1950년 6월 25일 남침(南侵)을 감행했다. 왜 김일성은 하필이면 그 시점에 전쟁을 일으킨 것일까? 사쿠라이 히로시는 "남한에서 농지개혁이 이루어질 경우 농민들이 이승만 정부 편으로 돌아설 것을 두려워했기 때문에 북한이 서둘러 개전(開戰)했다"는 가설(假說)을 제시하기도 했다.

낙동강 교두보만을 남겨 두고 남한 전역을 점령한 북한은 마을 머슴과 자생적 빨갱이들에게 완장을 채워주고 '토지개혁'이라는 것을 했다. 북한은 이미 농지개혁법안이 논의 중이던 1949년에 홍명희·박문규 등 21명이 참여하는 '토지개혁 법령 준비위원회'를 만들어 남한에서의 토지개혁을 준비하기 시작했다. 이는 북한이 남침을 위한 무력증강과 함께 정치·경제·사회적 준비도 철저히 하고 있었음을 보여준다.

북한은 점령기간 중 전체 면의 78.5%에 해당하는 1,198개 면에서 토지개혁을 단행했다고 주장한다. 하지만 이미 '이승만 박사'가 분배해 준 농지를 받은 농민들에게 '김일성 장군'의 토지개혁은 뚱딴지같은 소리였다. 농민들에게 '토지개혁'은 번거로운 '토지의 재분배'에 지나지 않았다.

거기에다 북한 공산주의자들은 수확량의 25%를 현물로 가져가는 '현물세'라는 패착을 두었다. 이들은 현물세를 부과하기 위해 제일 잘 익은 곡식의 낱알을 헤아려 전체 수확량을 추정했다. 농민들은 "왜놈들도 그렇게 징하게 굴지는 않았다"며 반발했다. '현물세의 추억'는 6·25 당시 농촌에서 전쟁을 경험한 이들 사이에서는 아직까지도 전설처럼 전해져 오고 있다.

결론적으로 "이 박사 덕분에 쌀밥을 먹게 된" 이 땅의 농민들은 '토지개혁'이라는 공산군의 사탕발림에 넘어가지 않았다. 박헌영이 호언장담했던 '남로당원 20만 명'의 무장봉기도 일어나지 않았다.

오히려 농민들은 대한민국의 전쟁 수행에 막대한 기여를 했다. 전쟁 중에 정부는 전비(戰費)와 군량미, 공무원 봉급미를 확보하기 위해 '임시토지수득세'라는 걸 농민들에게 부과했다. 이 세금은 1951~53년 동안 전체 조세 수입의 26~38%를 차지할 정도로 당시 재정에서 중요한 역할을 했다. 하지만 농민들은 이 부담을 묵묵히 견뎌냄으로써 전쟁 수행에 이바지했다. 전쟁터에 나가 피 흘리며 싸운 젊은이들도 대부분 농민의 아들들이었다. '국민'은 이런 과정을 거치면서 만들어졌다.

제헌의회에서 농지개혁법안이 논의되는 와중에 박기운(무소속, 충북 청주) 의원은 이렇게 말한 적이 있다.

"김일성이 어떤 연회석에서 헌법 제86조가 결정되자 술잔을 던지고서 한탄한 사실이 있다. 만일에 남한에 토지개혁이 된다고 할 것 같으면 삼팔 이북의 공산당들이 자기네들만 토지개혁을 하고 남한에서는 토지개혁을 아니한다, 이렇게 생각했던 것이 그 사람네들이 헌법 제86조의 제정을 보고서는 이제야 남한의 농민은 다 남한의 대한민국에 뺏기고 만다, 우리들이 이제껏 적화(赤化)운동을 해왔던 것은 수포로 돌아가고 만다, 이래 가지고서는 주석에서 한탄한 사실이 있다."

그런 사실이 있었는지 여부를 떠나서, 그의 말은 현실이 되었다. 농지개혁은 이 땅의 농투성이들을 '대한민국 국민'으로 거듭나게 했고, 6·25전쟁 당시 농민들이 공산주의자들의 꼬임에 넘어가지 않도록 막았으며, 농민들로 하여금 전쟁 수행을 위한 인적·물적 부담을 감수하게 만들었다.

### 지주가 사라지고 신흥 상공인이 등장하다

하나의 '국민(nation)'이 만들어지려면 계급과 차별이 사라져야 한다. 귀족과 평민, '가진 자'와 '못 가진 자'로 나누어진 사회는 응집력 있는 국민을 만들어내지 못한다. 이승만이 농지개혁을 추진하면서 반상(班常)과 귀천(貴賤)이 없는 세상을 꿈꾸었던 것도 이를 알고 있었기 때문일 것이다.

농지개혁은 종전에 '넘사벽(넘을 수 없는 4차원의 벽)'이었던 지주-소작 관계를 일거에 무너뜨렸다. 농민들은 1년 소출의 30%씩 5년간 수확물을 정부에 내면 자기 땅을 가질 수 있게 되었다. 그것도 미군정의 조치로 소출의 1/3을 소작료로 내던 것과 비교해서 별로 큰 부담을 지지 않고 말이다. 반면에 지주들은 5년 치 소작료 정도만 받고 땅의 소유권을 잃어버렸다.

농지개혁법은 지주들에게 지가증권(地價證券)을 가지고 귀속재산(기업)을 불하받거나 그걸 담보로 기업자금을 융자받을 수 있는 길을 열어놓았다.

그러나 현실은 지주들에게 녹녹치 않았다. 당시 농림부는 400석 이상의 보상을 받은 지주라야 전업이 가능할 걸로 보았다. 하지만 이런 지주는 전체 지주의 2.2%인 3400명에 불과했다. 전체 지주의 84%에 달하는 14만 1,000여 명의 지주들은 50석 미만을 보상받았다. 1년 소출량의 30%씩 5년에 걸쳐 나누어 받아봤자 생활비에 충당하기에도 빠듯했다. 지지리도 가난했던 정부는 연(年)단위로 지급하게 되어 있는 법규정에도 불구하고 월(月)단위로 보상을 지급했다.

설상가상으로 6·25전쟁이 터졌다. 전시(戰時)인플레이션은 얼마 안 되는 보상마저도 푼돈으로 만들어 버렸다. 부산 등지로 피난을 간 전(前) 지주들은 생계를 유지하기 위해 지가증권을 액면가의 20~70%의 값에 팔아치웠다.

정부는 지주들이 귀속기업체를 인수할 수 있는 기회를 주어 산업자본가로의 변신을 돕겠다고 다짐했지만, 현실은 달랐다. 귀속기업체의 평균 인수가액이 100만 원 이상이었지만, 지주들이 받은 보상가액은 평균 1만 원에 불과했다. 여럿이 힘을 모아 공동으로 귀속기업을 인수하거나 주식회사를 만드는 방법도 있었겠지만, 당시 대부분의 지주들에게 그런

'사회적 기술'은 낯설었다.

귀속재산처리법은 지주에게도 귀속기업체를 인수받을 수 있는 권리를 부여했다. 하지만 이 법의 시행령은 귀속기업체를 우선적으로 인수할 수 있는 자의 순위를 정하면서, 지주를 △ 임차인 및 관리인 △ 해당 기업체의 주주, 사원, 조합원 및 2년 이상 근무한 종업원 뒤에 두었다. 사실상 지주가 귀속기업체를 인수할 길이 막혀 버린 것이다.

정부에서는 지주들을 돕기 위해 귀속재산처리법에 지주들을 귀속기업체 관리인으로 우선 채용하는 규정도 두었다. 하지만 소작료 받아서 무위도식하던 지주들에게는 근대적 기업을 관리할 능력이 없었다. 이렇게 해서 지주들은 산업자본가로 변신할 기회를 놓친 채 역사의 뒤안길로 사라져 버렸다.

주대환 사회민주주의연대 대표는 "건국과 거의 동시에 토지개혁을 단행하여 전 국민에게 작지만 귀한 농지를 공평하게 나누어주었고, 이로써 계급으로서 지주를 소멸시켰다"고 말한다.

여담이지만, 4·19 직후에 "4·19는 학생들이 한 게 아니라 '동아일보'와 명동성당의 신부들이 했다"는 이야기가 있었다고 한다. 호남 지주-한민당계인 '동아일보'와 개신교도인 이승만에게 반대하고 가톨릭 신자인 장면(부통령)을 지지하는 가톨릭계의 '경향신문'이 끊임없이 이승만 정권을 흔들어대다가 결국 이승만 정권의 몰락을 가져왔다는 얘기다. 당시 사정을 너무 단순화시킨 것이기는 하겠지만, 이게 사실이라면 4·19는 농지개혁으로 몰락한 지주세력의 이승만에 대한 마지막 복수였는지도 모른다.

혹자는 농지개혁은 '농업자본의 산업자본화'라는 소기의 목적을 달성하지 못했다고 비판한다. 그러나 이는 사실과 다르다. 앞에서 말한 이유들 때문에 '농업자본가의 산업자본가화'는 실패했을지 모른다. 하지만 '농업자본의 산업자본화'까지 실패한 것은 아니었다. 전시(戰時)에 지주들이 팔아치운 지가증권을 매입한 신흥 상공인들은 그걸로 귀속기업체들을 인수했다. 1968년 현재 액면가를 기준으로 한 일반보상총액의 54%가 귀속기업체 인수에 쓰였다. 이렇게 해서 얼굴을 내민 신흥 상공인들은 1960년대를 거치면서 산업화의 주역이 됐다.

## 自作農의 자식들이 세상을 바꾸다

지주들이 몰락한 농촌사회의 새로운 주인공은 자작농(自作

農)이었다. 손바닥만 한 땅(1정보 미만)이라도 자기 땅을 갖게 된 농민들은 신바람이 났다. 이제 내 땅에서 나오는 것은 온전히 내 것이었다. 밤낮없이 일했다. 누가 '새벽별 보기 운동'을 하자고 등 떠밀지 않아도, 새벽종이 울리지 않아도 새벽부터 일하러 나갔다. 누가 천 삽 뜨고 허리 한 번 펴라고 강요하지 않아도 오백 삽은 뜨고서야 허리를 폈다. 정부는 분배농지의 지가상환 및 보상과정에서 발생한 사업잉여(약 35억 원) 가운데 절반 가까이를 농업개량사업에 투자했다. 이래저래 농업생산성이 높아졌다.

이제 농민들은 작은 돈이나마 손에 쥐게 됐다. 이 돈으로 그들은 국내 기업들이 만든 메리야스와 빤스, 고무신, 락희치약, 고무다라이, 호마이카 밥상 같은 걸 사기 시작했다. 여유가 있는 집에서는 금성 진공관 라디오나 자전거를 사기도 했지만, 그런 집은 아주 드물었다. 농촌은 아직은 세계시장은 꿈도 꾸지 못하고 있던 영세한 국내 기업들에게는 작지만 소중한 시장(市場)이 되어 주었다. 삼성·LG 등 오늘날 세계를 누비는 우리 기업들이 그렇게 걸음마를 시작했다.

생산성이 높아지니 농민들은 전처럼 자식들을 모두 논밭으로 내몰 일이 없어졌다. 자식들 가운데 싹수가 보이는 아이

(대개는 아들이었지만)는 도회지의 중학교로, 고등학교로 보냈다. 더 똑똑한 아이는 대학교로 진학했다. 애들 학비를 마련하기 위해 소를 내다 팔기도 했지만, 그건 미래를 위해 감수할 수 있는 투자였다. 그래서 대학을 일러 우골탑(牛骨塔)이라고 했다.

아버지가 소 팔아 마련한 돈으로 대학에 들어갔을 때, 농민의 아들딸들은 3·15 부정선거를 목격했다. 국민학교(초등학교) 때부터 "우리는 민주주의를 위해 공산당과 싸운다"고 배웠던 그들은 "민주주의 제대로 하자"면서 거리로 쏟아져 나왔다. 그게 4·19였다. "이 박사 덕분에 쌀밥 먹을 수 있게 됐다"고 춤추었던 농민의 아들딸들이 이승만을 권좌에서 끌어내린 것이다.

그들이 대학을 졸업했을 때, 군사혁명으로 집권한 박정희 정권이 경제개발을 시작했다. 농민의 아들딸들은 다시 농촌으로 돌아가지 않았다. 돌아갈 필요가 없었다. 그들은 서독의 탄광으로, 베트남의 정글로, 중동의 열사(熱砂)로 달려갔다. 울산에, 포항에, 구미에 새로 생긴 공장에서 일했다. 그러면서 지지리도 가난하던 이 나라를 번듯하게 끌어 올렸다. 그들이 바로 우리의 아버지, 어머니들이다.

## 외국의 농지개혁 사례들

서두에서 말한 것처럼 토지개혁은 당시 아시아 모든 나라들을 관통하는 '시대정신'이었다. 한국, 일본, 대만은 미국의 유도 아래 농지개혁에 성공했다. 이 성공은 산업화의 성공으로 이어졌다.

공산당이 장악한 중국(중공)에서는 과격한 폭력이 수반된 토지개혁이 단행됐다. 1개 마을에서 무조건 지주 한 명씩은 처형하라는 정책이 시행됐다. 학살, 약탈, 강간이 뒤따랐다. 토지개혁 과정에서 적어도 100만 명, 많게는 500만 명이 목숨을 잃은 것으로 추정된다. 1950년대 후반~60년대 초 대약진운동의 실패로 2,000만~3,000만 명이 아사한 것도 토지개혁의 처절한 후유증이었다.

필리핀은 스페인 식민통치 시절 이래 수십 개 가문이 전국의 토지를 과점(寡占)해온 나라다. 때문에 토지개혁에 대한 요구도 일찍부터 제기됐다. 존 스터드웰은 "아시아에서 필리핀처럼 토지개혁 계획을 많이 세운 나라는 없다. 그러나 마찬가지로 필리핀처럼 특권층이 진정한 토지개혁을 회피할 방법을 많이 고안한 나라도 없다"고 말한다. 1900~1986년 사이 필리핀에서 이루어진 토지개혁에 따라 농민들에게 재분배된 농경지는 4%에 불과했다. 1940년대의 후크단에서부터 시작해 신인민군 등 공산주의 농민반란이 1990년대까지도 이어졌다. 1965년 집권한 마르코스도 토지개혁을 주창했지만, 실은 정적(政敵) 가문의 땅을 빼앗아 사복(私腹)을 채우기 위한 것이었다.

1986년에 '피플 파워'를 등에 업고 마르코스를 몰아낸 코라손 아키노 전 대통령은 시가(媤家)인 아키노 가문, 본가인 코후앙코 가문 모두 손꼽히는 대지주 집안이다. 필리핀에서 '대지주'라고 하는 것은 그냥 땅이 많다는 의미가 아니다. 한국으로 치면 수 개 군(郡)에서 도(道) 정도 되는 면적의 땅을 소유하고, 사탕수수·바나나 등 환금(換金)작물을 대규모로 재배하면서, 그것을 가공, 운송, 수출하는 관련 산업체들까지 소유하고 있는 사람들이다. 이들의 대농장은 토지개혁을 비껴가기 위해 농업법인의 형태를 띠고 있지만, 개인 소유라는 점에서는 다를 바 없다. 농민들은 농업노동자의 형태로 고용되어 있지만, 사실상 농노와 다름없는 처지다. 대지주들은 농민들의 반발을 억누르고 공산반란군으로부터 자신의 토지를 지키기 위해 수백~수천 명의 사병(私兵)들까지 보유하고 있다. 그들은 21세기의 봉건영주들이다. 이러한 경제력을 바탕으로 이들은 대통령, 상원의원, 하원의원, 주지사 등 권력을 예사로 대물림하고 있다. 2016년 5월 필리핀 대선에서 막말을 일삼는 아웃사이더인 로드리고 두테르테 후보가 압승한 것은 이런 현실에 대한 반란이었다.

1986년 민주화 이후에도 여러 차례의 토지개혁이 있었다. 필리핀 정부는 종합토지개혁법을 제정, 2006년까지 목표치인 820만 헥타르 중 680만 헥타르가 토지개혁의 대상이 되어 410만 농가에게 혜택을 주었다고 주장한다. 하지만 필리핀개발연구소는 1,120만 명의 농촌 노동자들 중에서 850만 명이 땅을 갖고 있지 못한 것으로 추정한다.

한반도처럼 남북으로 분단된 베트남에서도 토지개혁은 숙제였다. 토지개혁은 선도한 것은 호치민이 이끄는 북베트남(베트남민주공화국)이었다. 해방구에서 국지적인 토지개혁을 진행해온 호치민 정권은 1954년부터 본격적으로 토지개혁을 추진, 1957년까지 81만 헥타르의 땅을 800만 명의 농민에게 분배했다. 이 과정에서 중국에서처럼 지주계급에 대한 학살이 자행돼 5000~5만 명이 처형된 것으로 전해진다. 이에 반발하는 농민반란이 일어나자 '호 아저씨(호치민의 별명)'는 정규군을 동원해 유혈 진압했다.

남베트남(베트남공화국)의 응오 딘 지엠 정권은 1956년 10월 토지개혁법을 공포했다. 토지소유를 100헥타르로 제한하고 그 이상 되는 토지는 국가가 사들여서 소작인, 북에서 내려온 피난민, 상이군인 등에게 분배한다는 내용이었다.

이런 식으로 토지를 분배받아 자작농이 될 수 있는 농가는 전체 농가의 3분의 1에 불과했다. 100헥타르 미만의 토지를 가진 지주들은 그대로 땅을 가지고 있으면서 소작제를 그대로 유지할 수 있었다. 소작료도 여전히 높았다. 토지를 분배받은 농민들은 6년에 걸쳐 대금을 상환해야 했지만, 그 대금이 너무 높아서 소정의 기한 내에 납부하기 어려웠다. 지엠 정권의 지지자인 북에서 내려온 가톨릭교도들에게 땅이 우선적으로 돌아가거나, 가톨릭교회나 신자들이 보유한 토지가 배분대상에서 제외된 것도 농민들에게는 불만이었다.

결국 토지개혁은 농민들의 어려움이나 불만을 해소하는 데 실패했다. 농민들은 토지개혁을 약속하는 베트콩의 지지자가 되었다. 1961년 가을 미국이 추산한 바에 의하면, 남베트남에는 인구의 2%에 달하는 20만 명의 베트콩 동조자가 있었는데 이들 대부분이 농민이었다.

베트남전 전황(戰況)이 악화되어 가던 1969년 응우엔 반 티우 정권은 보다 철저한 토지개혁에 착수했다. 하지만 이미 때는 늦어버렸다. 6년 뒤인 1975년 4월 30일 베트남공화국은 지구상에서 사라졌다.

## 결론 – 농지개혁이 오늘의 대한민국을 만들었다

이러한 외국의 사례들을 보면 '시대정신'이라고 해서 반드시 현실화되는 것은 아니라는 것을 알 수 있다. '시대정신'이 '현실'이 되려면 당대를 사는 사람들의 피와 땀과 눈물이 필요하다. 토지(농지)개혁은 고도의 정치적 결단이다. 따라서 지도자의 결단이 중요하다. 이승만은 농지개혁이라는 '시대정신'을 외면하지 않았다. 그는 '만난을 배제하고' 농지개혁을 밀어붙였다. 다행히 당시의 정치인들(지주 출신 정치인들을 포함해서)도 이해관계 때문에 다소 흔들리기는 했지만, 농지개혁 자체를 거부하지는 않았다.

농지개혁이 있었기에 건국 초기의 대한민국은 '흙수저가 없는 나라'로 출발할 수 있었다. 지주들에게 종속되어 있던 소작농들은 한편으로는 자기 손으로 논을 가는 '자작농'이, 다른 한편으로는 '대한민국 국민'이 되었다. '대한민국 국민'으로 거듭난 이들은 6·25전쟁이 터졌을 때, 공산당의 감언이설에 넘어가지 않았고, 오히려 대한민국을 지키는 인적·물적 기반이 되었다. 전쟁이 끝난 후 이들 자작농들은 걸음마를 시작한 국내 기업들이 만들어 낸 조악한 제품들을 사주면서 경제발전의 토대가 되는 시장을 마련해 주었다. 생산성 증가에 따라 논밭에서 풀려나 중·고등학교, 대학으로 진학하고, 도시로 나간 농민의 아들딸들은 1960년대 이후 이 나라 산업화의 역군이 되었다. 그리고 그들이 이룩한 산업화의 바탕 위에서 민주화도 가능했다.

흔히들 대한민국은 제2차 세계대전 이후 독립한 나라 중에서 산업화와 민주화를 모두 달성한 기적의 나라라고 말한다. 그 기적의 바탕에는 이승만이 열심히 추진하고 성공시킨 '농지개혁'이 있었다. 농지개혁이 오늘의 대한민국을 만든 것이다.

## 참고문헌

강철규, 『강한 나라는 어떻게 만들어지는가』, 사회평론, 2016.

김성호, 「땅으로 본 한국현대사」, 「월간조선」 2000년 8월호.

김인섭, 『기적은 끝나지 않았다』, 영림카디널, 2016.

김일영, 『건국과 부국』, 생각의 나무, 2004.

김일영, 『한국현대정치사론』,논형, 2011.

손세일, 『이승만과 김구』 (제7권), 조선뉴스프레스, 2015.

유영익, 『건국대통령 이승만』, 일조각, 2013.

유영익 편, 『이승만대통령 재평가』, 연세대학교 출판부, 2006.

유인선, 『새로 쓴 베트남의 역사』, 이산, 2002.

이대근,『해방 후·1950년대의 경제』, 삼성경제연구소, 2002.

이승만, 『건국과 나라 수호를 위한 이승만의 대미투쟁』 (상,하), 비봉출판사, 2013.

이안 부르마, 『0년』, 글항아리, 2016.

존 스터드웰, 『아시아의 힘』, 프롬북스, 2016.

주대환, 『대한민국을 사색하다』, 산책자, 2008.

차명수, 『기아와 기적의 기원』, 도서출판 해남, 2014.

| 같이 읽으면 재미 두 배! |

# 북한을 망치고 남한을 살린 농지개혁

**김용삼**
펜앤드 마이크 대기자
이승만학당 교사

소련군정은 자신들의 충실한 부하(김일성은 소련군 대위 신분으로 북한에 입북했다)이자 볼셰비키 하급당원인 김일성을 앞세워 1946년 초부터 소비에트화, 즉 '민주개혁'에 속도를 내기 시작했다. 당시 북조선 공산당 지도부는 '민주개혁' 즉 공산화 프로그램을 만들 만한 지적(知的) 능력이나 식견, 행정 실무 경험이 없었다. 따라서 소련군정은 1945년 10월부터 모스크바에서 소련공산당 중앙위원회가 만든 토지개혁과 노동법령, 남녀평등에 관한 법령, 산업·운수·통신·은행 국유화 법령, 각 도·시·군·면·리 인민위원회 선거에 관한 법령 등을 제공

받았다.

토지개혁 법령 등 민주개혁법령, 공화국 헌법 초안 등은 스티코프와 레베데프, 로마넨코 장군의 지휘 아래 퉁킨, 페투호프, 발라사노프, 크리코프(A. 샤브신) 등의 집필진에 의해 기초되었다.[1] 평양주둔 소련군정은 제7호 정치국장 이그나치프 대좌 팀에 소속되어 있는 허가이, 김찬, 기석복 등 소련파 고려인 18명에게 이를 번역하도록 했다. 이를 북한 현실에 맞게 재가공하여 북조선 임시인민위원회 위원장 김일성 이름으로 이른바 '민주개혁(공산화) 5대 법령'을 실행했다.

소련 방식대로 하면 법령들은 모두 형식상 인민 대표기관의 비준과 승인 절차가 필요하지만 북한에는 인민 대표기관이 없었기 때문에 우선 시행하고, 이들 법령은 1946년 11월 3일에 실시된 도·시·군 인민위원회 선거를 통해 창설된 인민회의에서 비준을 받는 식으로 진행했다.[2]

김일성은 소련군정의 지시에 의해 1946년 2월 10일, 10개 부처로 된 정부조직과 공산주의 공안기관들을 설치했다. 그

1 시모토마이 노부오(下斗米伸夫) 지음·이종국 옮김, 『모스크바와 김일성-냉전기의 북한 1945~1961』, 논형, 2012, p. 69.

2 김국후, 『비록(秘錄) 평양의 소련군정』, 2011, 한울아카데미, p. 200.

리고 임시인민위원회가 조직된 지 한 달도 안 된 3월 5일, 소위 '민주개혁 5대 법령'의 첫 봉화로 무상몰수/무상분배 방식의 「토지개혁법령」을 공포하고 불과 25일 만에 이를 해치웠다.

## 방법의 극단성이 문제

북한의 토지개혁은 그 전 해 슈킨 보고서에서 "대지주의 토지 소유 때문에 인민민주주의 운동의 발전이 지장을 받고 있으며, 이런 상황을 타개하려면 빠른 시일 안에 토지개혁을 실시해야 한다"는 지적에 의해 '민주개혁' 과제 중에서 가장 먼저 전격 단행된 것이다. 북한 지역의 경우 1945년 전 농가의 6.8%에 불과한 지주가 총 경지면적의 58%를 차지하고 있었다. 이에 반해 전농가의 56%를 차지하는 빈농은 총 경지면적의 불과 5.4%를 차지하고 있었다. 소작료는 전 수확의 6할 이상을 점했다.[3] 따라서 토지개혁은 현실적 과제였으나 그 방

---

3 정익우, 『조국해방전쟁론 비판(상)』, 통일일보사, 1991, p. 110.

식의 극단성과 추진 상의 강제성이 문제였다.

소작을 주는 모든 토지가 개혁 대상이 되었으며, 특히 5정보 이상의 토지를 소작 경영하는 지주는 '지주 계급'으로 간주되어 토지는 물론 가축, 주택까지 몰수당하고 다른 군으로 이주되어야 했다. 몰수한 토지는 고용 농민, 토지가 없는 농민, 토지가 적은 농민에게 분배되었다. 북한 전체 경지면적(과수원, 대지 포함) 182만 98정보 가운데 54%에 해당하는 100만 8,178정보가 몰수되었고, 이 가운데 95만 5,731정보가 78만 8,249호에 분배되었다.[4]

와다 하루키는 "토지개혁은 공산당을 선두로 모든 단체들을 동원하여 열광적으로, 거의 불면불휴로 선전하고 조직하고 조사하고 분배한 결과"이며, 이처럼 급속히 진행된 이유는 만주의 해방구에서 일본군이 다가오기 전에 단기간에 토지개혁을 실행하여 농민을 사로잡아야 한다는 경험을 얻었기 때문이라고 표현했다.[5]

---

4 김성보, 『북한의 역사(1)-건국과 인민민주주의 경험 1945~1960』, 역사비평사, 2014, p. 82.

5 와다 하루키(和田春樹) 지음, 서동만·남기정 옮김, 『북조선-유격대 국가에서 정규군 국가로』, 돌베개, 2015, pp. 80~81.

## 반동세력의 제거가 목적이었다

북한의 토지개혁은 반동세력의 대표인 지주들을 뿌리째 제거하기 위한 것이 목표였다. 때문에 소련이 진주한 그 어느 지역과 비교해도 그 방법이 성급하고 철저하고 가혹할 수밖에 없었다. 토지개혁과 관련하여 김일성은 다음과 같이 발언한 바 있다.

"우리 당은 지주와 소작·빈농 간에 첨예한 계급투쟁 속에서 승리를 거두기 위해 가장 우수한 당원을 농촌에 파견하여 빈농을 중심으로 한 11,500여 명의 농촌위원회를 조직하고, 또 조국건설의 주도적인 부대인 노동자들을 농촌에 파견하여 농민의 계급투쟁을 원조하는 활동을 전개하게 했다. 또 지주층의 반동과 그들이 뒤떨어진 농민에게 줄 반동적인 여향을 제거하기 위해 악질적인 지주를 이주시킨다는 거대한 사업을 실시했다. 더욱이 우리 당은 우수한 선전원을 동원하여 토지개혁의 역사적 의의를 농민 사이에 광범하게 해설하고…지주나 그 외 반동분자의 모든 데마고그(demagogue)와 악질 선동을 곳곳에서 폭로하고 분쇄했던 것이다."(1948년 3월, 북조선노동당 제2회 대회 보고)

무장한 보안국원과 소작 농민들은 토지개혁에 반항하는 지주들을 나무에 거꾸로 매달아놓고 집단 린치를 가하기도 했다. 후에 김일성은 당 회의에서 "토지개혁의 진행과정이나 지주의 취급에서 좌경의 과오를 범했다"고 지적할 정도였다.[6]

공짜로 토지를 분배받은 농민들은 지주-소작이라는 천형(天刑)과도 같은 관계로부터 완전 해방된 것이 감격하여 1948년 여름, '남북조선의 주민 1,676만 7,680명이 연대 서명한 다음과 같은 서한을 스탈린에게 보냈다.

'세기적인 봉건적 질곡과 혹독한 압박에서 해방된 북조선 농민들은 아주 커다란 열정으로 자신의 전답을 경작하고 있습니다. 따라서 전 역사에서 처음으로 북조선 농민은 자유로 자기 노력의 결실을 처리하고 있습니다. 1946~1948년 동안 농민 10만 명이 가련한 오막살이에서 새로 건축된 주택으로 이사했습니다. 이 기간에 농민은 12만 마리의 가축과 새 농기구, 새 의복, 라디오를 갖게 됐습니다. 주택에 전기가 들어옵니다. 모든 인민과 함께 농민들은 새 민주 독립의 조선민주

6 하기와라 료(萩原遼) 지음·최태순 옮김, 『한국전쟁』, (주)한국논단, 1995, p. 114.

주의인민공화국을 건설하고자 적극적으로 투쟁하고 있습니다. 소련군대와 스탈린 대원수의 원조와 지지에 대해 충심으로 감사합니다."[7]

와다 하루키는 토지개혁 후 김일성의 권위와 공산당의 권위는 현저하게 높아졌고, 토지개혁이 대단한 성공을 거두었다고 말한다.[8] 토지 없는 농민들에게 거저 나누어 주었다는 측면만 부각시키면 그렇게 해석할 수도 있을 것이다. 그런데 북한에서 전격 단행된 토지개혁은 신분 철폐와 농민 해방이 목적이 아니라 급진적인 공산화를 위한 '토지개악(改惡)'이었다.[9]

## 다른 나라보다 훨씬 가혹했던 북한의 토지개혁

북한의 토지개혁은 같은 시기, 역시 소련군 점령 하에서 추진된 동구제국, 국공내전의 와중에 실시되고 있었던 중국의 농지개혁에 비해서도 지나치게 성급한 것이었다. 5정보

7 김국후, 앞의 책, p. 202.
8 와다 하루키(和田春樹) 지음, 서동만·남기정 옮김, 앞의 책, pp. 81~82.
9 이호, 『이승만의 토지개혁과 교육혁명』, 백년동안, 2015, p. 104.

상한을 정하고 철저히 무상몰수를 강행한 북한의 토지개혁에 비하면 동구제국의 토지개혁은 훨씬 유연했다. 또 루마니아, 불가리아를 제외한 대부분의 나라에서는 유상몰수, 또는 부분적인 유상몰수/유상분배 방식이 채택되었다. 또 소유권 행사 문제도 북한 지역에서는 분여된 토지의 매매, 저당, 임대차를 일체 금지했지만, 대부분의 동구제국에서는 그것을 인정하고 있다. 중국에서도 얼마간은 분배된 토지에 대하여 농민이 자유롭게 소유권을 행사할 수 있었다.[10]

김일성(소련군정)은 지주들로부터 무상으로 빼앗은 토지를 농민들에게 무상으로 거저 나눠준다고 선전했다. 이를 증명하기 위해 임시인민위원회가 발표한 '토지개혁법령' 제5조에는 "몰수 토지는 농민에게 무상으로 영원한 소유로 양여함"이라고 되어 있었다. 그런데 그 아래 제10조는 "농민에게 분여된 토지는 매매치 못하며 소작 주지 못하며 저당하지 못한다"고 못 박고 있다. 매매, 임대, 저당하지 못하고 오로지 '농사만 지으라'는 것은 소유권이 아니라 경작권, 즉 소작권을

10 정익우, 앞의 책, pp. 115~116.

뜻한다.[11]

게다가 3개월 후인 1946년 6월 27일 「농업 현물세법령」이란 것을 발표했는데, 그 1조에는 "일체의 조세를 면제하되 단 각종 곡물 수확량의 25%를 농업 현물세로 납부한다'고 규정하고 있다. 농업 현물세는 사실은 이름만 바꾼 소작료였다. 게다가 자작지에서도 현물세를 내도록 되어 있어 농지 전체가 소작료를 내야 하는 국유지가 되어버렸다.[12]

문제는 현물세의 25%가 일률적으로 부과된 데 있었다. 또 실제 수확고가 아니라 예정 수확고를 기준으로 삼은 것이 문제였다. 흉년과 풍년, 비옥한 땅과 척박한 땅에 대한 차등도 없었고, 애초에 가호마다 가용 노동력이 다르니 같은 면적에서도 수확량은 다르기 마련이었는데, 이에 대한 고려가 없었다. 그럼에도 불구하고 토지 면적에 따라 획일적으로 예상수익을 산정하고 현물세를 책정했으니 농민이 불만을 느끼는 것은 당연했다.[13]

게다가 현물세가 말이 25%였을 뿐, 국가가 악덕 지주들

---

11 김성보는 이것을 근로농민적 토지소유권이라고 표현하고 있다. 김성보, 앞의 책, p. 82.
12 김성호, 「땅으로 본 한국 현대사」, 월간조선, 2000년 8월호.
13 이지수, 「제2차 세계대전과 소련의 한반도 정책」, 이인호·김영호·강규형 편, 『대한민국 건국의 재인식』, 기파랑, 2009, pp. 70~71.

보다 더 혹독하게 5~7할의 수확물을 수탈해 갔다.[14] 현물세 이외의 다양한 명목으로 농민들로부터 곡물을 거두었기 때문이다. 일본 외무성이 발행한 「전후(戰後) 조선이 정치정세」(1948년 7월)는 북한의 농업현물세제와 관련하여 이렇게 쓰고 있다.

"농민은 법정 25%의 현물세 외에 긴급사유에 의한 특별과세를 부담하고 소비물자 보상배급을 약속받고 여러 차례 공출한 결과 사실상 수확고의 5할 전후를 잃게 되었다."[15]

김일성도 농민을 대상으로 한 가혹한 세금 징수 사실을 다음과 같이 인정하고 있다.

"어떤 지방에서는 도 인민위원회는 물론이고 군 인민위원회에서도 모르는 세금을 농민들이 내고 있는 사례가 있었다. 더구나 그 세금이 한두 가지가 아니라 실로 10여 종류의 부담을 농민에게 부담시키고 있었다. 그 일례로서 함경북도와 같은 곳에서는 부담금 종류가 17 내지 22가지에 이르고 있었다."[16]

---

14 한재덕, 『김일성을 고발한다』, 내외문화사, 1965, p. 261.
15 정익우, 앞의 책, p. 131.
16 김일성, 북조선 임시인민위원회 제3차 확대위원회에서 행한 「민주선거와 인민위원회의 당면 임무」 보고(1946년 11월 25일). 정익우, 앞의 책, p. 132.

## 전면적인 농업 협동화 단행

결국 토지개혁의 모순이 도저히 치유될 수 없는 상황이 되자 1958년 북한 지도부는 전면적인 농업 협동화를 단행했다.[17] 이런 경험은 소련이 진주했던 동구 국가들에서도 동일하게 진행되었다. 소련군 진주 지역에서 진행된 토지개혁은 애초에 예정된 운명이 따로 있었다. 즉 무상몰수와 획일적인 무상분배를 시행하고 몇 년 후에는 농업 집단화를 단행하는 비슷한 과정을 보여준다.

혁명 후 소련에서도 토지개혁이 진행되었지만 어떻게 평등하게 토지를 나누어 줄 것인가에 대해서는 고민을 하지 않았다. 결국 대부분 동구 국가에서는 토지개혁 조치 이후 3~4년 만에 농업집단화를 다시 단행한 데 반해, 북한에서는 이 과정이 매우 더디게 진행되었다. 따라서 애초에 토지개혁은 일종의 기만정책이었다. 소련의 사회주의 토지개혁 혁명의 신화는 허구였다. 공산당들의 토지개혁 목표는 무상분배가 아니라 무상몰수였던 것이다.

---

17 북한의 농업 집단화 과정에 대해서는 이지수, 앞의 자료, pp. 71~72 참조.

# 여섯 번째 선물

•

"바보야 문제는 교육이야!"

교육받은 국민이 나라의 희망이다

# 교육개혁, '잠자던 중세인'을 깨워 '똑똑한 현대시민'을 만든 이승만의 기적

**조우석**
문화평론가

현대사에 관한 부정적 이미지 중 특히 이승만 대통령이 통치했던 1950년대가 유별난 편이다. 『해방전후사의 인식』 류의 책이 심어준 고정관념이 여전한 탓인데, 1950년대를 운동권 식의 도그마로 정리하자면 이렇다. "해방 이후 부풀어 올랐던 자생적 꿈이 외세에 의해 꺾이고 친미보수 정권이 민중의 개혁열망을 압살했던 참담한 시대"…. 반면 그 10년이 1960~70년대 고도성장을 예비했던 결정적 국면이라는 통찰이 등장한 것도 꽤 됐다.

원로학자 유영익 교수는 1950대를 "창조적 변혁의 전환기이자 획기적인 시기"라서 "퇴영, 침체, 좌절의 늪이 아니고 한국인이 자유, 평등, 민주주의 등 보편적 이상을 향해 전진을 계속했던 시기"고 규정했다. 다양한 사회지표를 동원한 실증은 물론 한참 예민하던 스무 살 전후 시선으로 보았던 1950년대 증언까지 더해진 묵직한 논문에서 한 발언이다. 1990년에 첫 발표됐다가 『해방전후사의 재인식』2권에 수록된 '거시적으로 본 1950년대의 역사-남한의 변화를 중심으로'가 문제의 글인데, 당초 그는 여느 한국인과 꼭 같았다.

즉 독재자 이승만 대통령의 집권시절 10년을 들여다보는 것 자체에 거부감을 품고 있었다. 정권 연장욕심이라고 판단했던 부산정치파동의 충격, 전쟁 중 9만 명이 동사-아사했던 국민방위군 사건의 비극, '사바사바'에서 '빽'에 이르는 각종 유행어가 반영하는 사회혼란의 현기증에 대한 나쁜 기억 때문이다. 그런데 공부를 해보니 그게 아니었다. 시야를 가리던 역사의 먼지가 모두 가라앉은 지금 냉정하게 살펴보니 그 시기야말로 현대사의 변곡점이란 게 놀랍도록 뚜렷하게 드러났다.

## 1950년대의 재발견

이승만 정부 시절 정책실패와 무능, 희생 그리고 전쟁통의 혼란과 생활고가 분명 없지 않았지만, 저변에선 근본적인 변화가 꿈틀거렸다. 보자. 보릿고개로 상징되는 절대빈곤에도 불구하고 1950년대 경제성장률은 연평균 4.9%라서 당시 후진국 연평균(4.4%)보다 높았다. 역사상 처음으로 공화제 민주주의도 실시했는데, 우여곡절과 풍파에도 의회-정당-선거 등의 기본 틀을 허물었던 건 아니다. 자유민주주의 실험이 완전치 않았을 뿐 합격점을 못 줄 것도 없다.

'1950년대의 재발견'에서 진정 경이로운 건 혁명 그 이상의 사회변화다. 1948년 제헌의회가 소집되었을 때 제헌의원의 3분의 2가 중인(中人) 가문 출신으로 채워지는 이변이 연출됐다. 조선왕조 양반계층 출신은 자유민주주의 기본질서의 대한민국에 대한 적응에 실패했고, 새로운 사회세력이 등장했음을 알리는 상징적 사건이 아닐 수 없었다. 그런 양반지주 그룹은 이승만의 승부수인 농지개혁으로 경제기반까지 상실하면서 지배계급으로서 몰락했으니 중세적 신분제는 자취도 없어졌다.

다이내믹 코리아의 역동적 모습은 건국 직후 뚜렷한 징후를 보였다는 뜻일까? 물론 궁핍과 생활고는 1950년대의 트레이드마크라는 걸 부인할 순 없다. 당시 지리멸렬했던 사회상을 비판적으로 그린 대표적인 작품이 이범선의 문제작 단편소설『오발탄』이다. 4·19 직후 영화감독 유현목이 같은 제목의 영화로 제작하면서 이젠 한국영화의 고전 반열에 올랐다. 당시 시대상을 반영해 그 작품의 주인공인 철호네 집안은 삼팔따라지 월남민으로 설정됐다.

철호는 서울 남산 해방촌 판잣집에서 살며 계리사 사무실 초라한 서기 노릇을 한다. 어머니는 전쟁통에 넋이 나간 탓인지 잊어버릴만 하면 "가자, 가자!"외마디 소리로 고향으로 돌아가야 한다고 한다. 그 황량한 집안의 동생 영호는 상이군인인데, 권총강도를 저지르며 범죄자로 추락한다. 생활고에 찌들던 그의 아내는 출산 도중 죽고, 병원비를 양공주로 몸을 판 철호의 여동생이 내놓는다. 이 지옥의 모습이 이범선을 포함한 이른바 전후(戰後)문학이 반복해 그려냈던 '잃어버린 10년' 1950년대다.

그건 당대 현실의 부분적 반영이 분명하겠지만, 동시에 문학적 과장 내지 허풍이 분명하다. 그런 와중에 획기적 변화의 새 질서가 자리 잡아갔음을 외면할 수 없기 때문인데, 무엇이 이런 흐름을 가능하게 했을까? 많은 걸 거론할 수 있겠지만, 교육기적이야말로 가장 괄목한 요인이다. 그건 산타 이승만이 한국인에게 선물한 것 중 대표적인 것이고, 너무도 뚜렷하기 때문에 논란의 여지가 가장 적은 대목으로 꼽힌다. 그건 해외 역사가들도 마찬가지다.

좌파 역사학자 에릭 홉스봄의 경우 그의 대표적인 저술 『극단의 시대』(까치출판)에서 '한국의 교육기적'(412쪽)을 언급했다. 그는"한국의 교육기적은 소농들이 자신들의 자녀를 식자층 지위로 상승시키기 위해서 팔아버린 소의 뼈 때문에 가능했다고 전해진다"고 말했다. 지금은 아무도 그런 말을 쓰지 않지만, 예전 한때 한국사회의 유행어인 이른바 우골탑(牛骨塔)을 냉소적 어투로 언급했다. 하지만 그게 분명 놀라운 현상이라는 판단이 엿보인다.

그게 진실이다. 교육혁명, 교육기적이야말로 1950년대의 특징이며, 이후 압축성장을 떠받친 요인으로 지목된다. 산타 이승만이 드라이브를 걸었던 교육혁명은 '잠자던 중세인'을 깨워내 '똑똑한 현대시민'으로 바꿔놓는데 드라마틱하게 성공했다. 문자해독이 가능하고, 자연과학과 실용적 지식에도 열려있는 근대적 시민이자, 민주정치 과정에 참여하는 계몽된 공민…. 지금 21세기 초 우리의 그런 모습은 모두 이승만의 작품이다.

그게 훗날 4·19를 만든 힘이자, 산업화-민주화에 성공한 오늘의 대한민국을 준비했던 동력임을 부인할 사람은 거의 없다. 아니 그 이상이다. "이승만 시기 초기 교육의 가장 큰 기여는 식민지 민중을 동질성을 갖는 하나의 국민으로 만들었다." 그게 정확하다. 그건 중도좌파로 분류되는 연세대 박명림 교수의 발언 (논문'이승만 집권기 한국의 교육과 민주주의')인데, 좀 더 포괄적으로 말해 1950년대 교육기적이야말로 국민형성(nation building)에 성공한 요인이란 얘기다. 한국인을 한국인으로 만들어낸 힘이야말로 현대교육의 역할이라는 걸 누가 부인할까?

## '교육기적'의 양적 팽창과 질

그건 해방 이전과 건국 이후를 대조해보면 드라마틱하게 확인된다. 일제시대 전문학교 이상의 고등교육을 받은 사람들의 수는 전국민의 1%를 밑돌았다. (이게 절망적인 수치만은 아니다. 2차 대전 이전 가장 선진적이던 독일-프랑스-영국 세 나라의 총인구가 1억 5,000만 명인데, 당시 재학 중인 대학생이 15만 명이었다. 대졸자 이상의 인구가 아니라서 일제하 우리와 수평 비교는 어렵지만, 0.1%에 불과한 수치다.) 일제가 초등교육과 중등교육에는 비교적 너그러웠으나, 대학교 고등교육을 확대하는 데는 매우 인색했던 탓이다. 어떤 형태로든 정식 제도권 교육을 받은 한국인은 전인구 중 25퍼센트에 불과했으며, 해방 당시 국민의 78퍼센트가 한글 해독이 안 됐다.

이런 상황에서 에릭 홉스봄이 언급했던 한국의 교육기적은 1950년대를 기점으로 양적으로 질적으로 급팽창했다. 가장 먼저 눈에 띄는 게 초등학교 취학률인데, 현재 확인 가능한 해방 이듬해인 1946년 통계는 53.4%에서 출발한다. 이만해도 낮은 게 아닌데, 이승만 시대 말기인 1958년 무렵이면 95.2%로 성큼 뛰어오른다. 경이롭게도 완전취학에 가까운 수치다. 10여년 사이에 취학률이 두 배 가까이 성장할 만큼 뜀박질했던 것이다.

그 사이 전쟁으로 인한 혼란과 피해가 있었는데도 교육열이 이렇게 빅뱅 했다는 건 거의 수수께끼에 가깝다. 이게 얼마나 위력적인가는 당장 입수 가능한 1960년도 세계 전체의 초등학교 취학률 통계수치(62.1%)와 비교해보면 금세 드러난다. 한국의 95.2%란 수치는 "아시아나 중남미 등 개도국은 물론 북미와 유럽 등 개발국의 취학률보다도 높다"(단행본 『대한민국 교육 70년』(대한민국역사박물관 펴냄)에 수록된 김영화의 글 '한국의 교육과 경제성장')이다. 당시 지구촌 최빈국가이던 한국에서 이런 놀라운 이변이 벌어진 것이다.

당시 전쟁으로 전파(全破)된 7,899개의 교실을 포함해 총 1만 6,061개 교실이 통째로 날아가거나 부분 파괴가 됐는데, 그건 전체 교실의 절반에 육박한다. 그러나 전쟁이 한국민의 교육열을 막진 못했고, 그 결과 문맹을 퇴치하는 보통교육의 기적이 일어났다는 것 자체가 예사롭지 않다. 이 모두 제헌헌법이 보장한 6년간의 의무 교육 실시와 이승만 정부의 강력한 드라이브 덕분이다.

문맹퇴치는 아래에서부터 이뤄진 열기가 분명하지만 이승만 정부 시책에 힘입었음은 물론이다. 당시는 국문(國文)보급교육운동으로 불렸는데, 문자해독을 포함한 공민(시민)교육 차원이었다. 실제로 이 운동은 1954년 2월 국무회의 결의 이후 교육부는 물론 내무부-국방부가 동원된 범정부적 프로젝트였는데, 아라비아 숫자를 읽지 못하는 이들을 염두에 둔 '작대기 선거'를 치르면서 더욱 절실했던 현안이었다.

이승만 정부 교육은 학교 울타리를 넘어 사회에서 국민을 상대로 시민교육으로 확대된 것이다. 보다 구체적으로 1950년대 한국의 교육기적을 확인 가능한 통계수치로 확인해보면 다음과 같다. 광복 당시와 1960년을 비교해볼 때 초등학교의 경우, 학교 수는 2,834개에서 4,620개로 62.3퍼센트 증가했고, 학생 수는 136만 6,024명에서 359만 9,627명으로 2.6배 늘었다.

초등교육의 폭발은 그 자체가 대단한 건 아니다. 일제 36년 동안 내내 조선인의 교육열은 이미 절정을 예비하고 있었음을 외면할 수 없기 때문이다. 3·1운동 이후 민족적 자각은 1920년대 아동 취학률을 20~30%로 끌어올렸다. 취학률은 1930년대 다시 폭발해 입학 지원자가 정원을 넘어섰고, 한 해를 기다렸다 입학하는 학생이 있었을 정도다. 남자의 경우 1930년대 말이 되면 취학률이 60%를 넘어서는 바람에 일제는 "1946년 이후 의무교육제를 시행한다"는 구상을 발표해야 했을 정도다.

1950년대 초등교육의 폭발이 '부분적 근대'인 일제하의 이런 교육열을 이어받았지만, 완전취학에 가까운 95.2% 달성이란 건국 이후 이승만 정부의 작품이라는 것도 잊을 수 없다. 이런 상황에서 자연스레 중등교육도 불이 붙었다. 광복 당시와 1960년을 비교해볼 때 중학교의 경우 학교 수는 97개에서 1,053개로 무려 10배 이상 증가했고, 학생 수 역시 5만 343명에서 52만 8,614명으로 10배 이상 늘었다.

고등학교의 경우도 224개에서 640개로 3배 증가했고, 학생 수는 8만 4,363명에서 26만 3,563명으로 3.1배 증가했다. 이게 전부가 아니다. 초등교육-중등교육의 대중적 확대보다 드라마틱했던 게 대학생 숫자의 급팽창이다. 같은 기간에 대학의 수는 19개에서 63개로 3.3배 늘었는데, 대학생 수는 7,819명에서 9만 7,819명으로 무려 12배 이상이나 폭증했다. 초등-중등-고등교육이 동반 성장한 것이다.

이게 얼마나 '미친 수치'일까? 1950년대 대학생의 연평균 증가율은 14.5%에 이른다. 이건 1960년대 연평균 증가율(6.7%)의 두 배 이상이라는 걸 기어해두자. 대학 붐은 1947년 이미 20개의 신설 대학이 문을 열었을 때 예고됐다. 6·25전쟁이 끝나면서 대학문이 폭발적으로 넓어지자 대학 망국론(亡國論)이 나돌 정도였다. 대책 없이 고급인력을 쏟아낼 경우

사회적 재앙으로 이어진다는 경고였다. 그럼에도 논스톱의 고등 교육열은 해외유학 붐으로 이어졌다.

1953년부터 1966년까지 문교부 통계를 보면 당시 해외유학 인정 선발시험에 통과한 유학생은 모두 9,368명이었다. 교육 붐은 학교 울타리에 갇히지 않았는데, 그만큼 전사회적 현상이었다. 미국경제원조처(유솜)이 주선한 유학, 단기훈련이나 시찰 등 이른바 교육교환계획을 통해서는 2,464명이 외국으로 나갔다. 같은 시기 미 국무성이 후원한 각종 단기 시찰에 국회의원-언론계 등 여론주 도층 940명이 참여했고, 1950년대 무려 9,000명 이상의 한국군 장교가 미국 내 군사학교에 파견됐다.

교육 효과도 주목할 만한데, 과학기술 분야가 상징적이다. 광복 당시 한국의 과학 기술은 의학을 제외하고는 황무지나 다름없었다. 일제가 남기고 간 것은 중앙공업연구소, 중앙지질연구소, 농업물 검사소, 임업시험장, 농업시험장 등 국립연구소가 몇 개 있을 뿐이었고 박물관으로는 서울 남산 과학박물관이 유일했다.

과기인력 양성 고등교육기관으로는 일제가 남기고 간 유일한 정규대학인 경성제대 의학부와 이공학부가 있었으며,

전문학교로 경성공전(1916) 등 세 개가 전부였다. 이런 빈곤함을 떨쳐낸 게 1950년대인데, 서울대를 비롯한 주요 국립대와 사립대에 과학 관련 학과 및 연구소, 그리고 학회가 우후죽순으로 창설됐다. 이걸 바탕으로 1954년 국방부과학연구소가 개설되고, 1958년에는 원자력연구소가 설립됐다는 걸 염두에 둔다면, 세상에 공짜는 없는 셈이다.

이런 열기는 또 다른 정치사회적 파생효과로 연결됐다. 즉 여성의 사회적 지위 향상, 유학 러시와 별도의 이민 러시를 포함한 해외진출 인력으로 사회에 활력을 불어넣었다. 여권신장의 경우 1945년 해방 당시 한국여성 중 여대생 숫자가 1,086명에 불과했지만, 1960년에는 무려 16배에 가까운 1만 7,049명으로 급증한데서 나타난다. 남자와 똑 같이 의무교육을 받게 되고, 남녀공학이 실시된 데 따른 효과임은 물론이다. 1948년 건국헌법 8조에 있는 남녀평등의 원칙, 이후 제정된 선거법에 있는 여성 참정권 등도 약발을 발휘했다.

같은 맥락에서 한국인의 해외진출도 주목거리인데, 1950~64년 사이에 1만 4,027명이 미국으로 건너갔다. 조선조 내내 우물 안 개구리 신세였던 한국인이 서구 중심의 새로운 국제질서에 접근해가는 움직임인데, 실로 맹렬했다. 이를 두고 유영익 교수는 "이처럼 다방면에 걸친 한국인의 대미 진출은 통일신라시대 신라인의 대당(對唐) 진출을 연상시키는 현상으로서 한국 역사상 보기 드문 일"이라고 평가했을 정도다.

## 한국인을 한국인으로 만든 교육의 국민형성 기능

그럼 이렇듯 질적-외형적 성장을 거듭하면서 저변의 큰 흐름을 만들었던 당시 교육이 한국인에게 과연 무엇을 가르쳤을까? 당시 교육은 어떤 한국인을 만들려 했고, 어느 정도 성공했을까? 이점은 건국헌법과 이승만 정부가 겨냥했던 '어떤 국민을 만들까' 하는, 건국 이후 국민 형성(네이션빌딩)에 교육이 맡았던 역할에 대한 점검으로 중요한 대목이다. 일부 좌파 학자들은 이승만 정부가 반공 이데올로기 교육, 학도호국단 운용을 통한 학생생활의 규제 그리고 정부의 관제 데모 동원 등을 반복했고 따라서 그 시기 한국교육에 신통한 발전이 없었고, 사회적 기여가 의문이라고 지적하지만, 그건 현대사와 현대교육 전체에 대한 통찰이 없는 소리다.

동의하건 하지 않건 건국 이후 학교교육이 오늘 우리의 평균적 모습을 만들어냈고, 1960년대 이후 세상변화를 촉발시켰다. 플라톤이 『국가』에서 강조하듯 정치와 교육은 동전의 양면이다. 개개인에게 교육이란 학업의 성취와 수월성 추구이겠지만, 전체로 보면 교육에는 국가공동체의 비전이 담기기 마련이다. 때문에 1950년대 교육의 국민형성 기능이 현대 한국의 시민을 주형해낸 힘이라는 걸 외면할 순 없다. 더 이상 "당시 배출된 양질의 인력이 산업화에 공헌했다"는 식의 기능적 인식을 넘어서야 한다.

교육 관련 주무부처인 교육부의 초기 최고 책임자의 면면에서도 그게 확인된다. 초대 교육부 장관 안호상의 경우 초기 교육정책의 이념을 일민주의(一民主義)로 삼았던 걸로 유명하다. 일민주의는 일부 파시즘의 냄새가 난다는 말이 있을 정도로 강력한 민족주의와 집단주의가 특징이다. 일민주의가 건국 초기 반짝 활용됐을 뿐 이후 바로 자유민주주의로 대체됐다는 지적도 있지만, 강력한 민족주의는 6·25전쟁 때 정치동원의 필요성 때문에 계속 유지됐다.

그건 박정희 시기까지 핵심 이념의 하나로 작동했다. (당시의 우파 민족주의는 요즘 평양 집단과 종북좌파들이 앞세우는 좌파 민족주의와는 구분된다.) 당시엔 도의교육도 강조됐는데 당시의 도덕윤리란 서구의 개인윤리와 또 달리 사회와 국가에 쓸모 있는 사람을 강조했다. 보다 포괄적으로 도덕윤리란 건국된 새나라의 공민(시민)에 걸맞은 정신혁명을 뜻했고, 그게 민주주의 교육-반공주의 교육과 결합돼 자유민주주의적 기본질서를 담은 헌법정신을 떠받치는 힘으로 작동했다.

2대 교육장관 백낙준도, 요즘의 고령세대가 선명하게 기억하듯 1인1기의 실용주의와 함께 도의교육을 함께 강조했으니 결국 같은 맥락이다. 우리교육 이념에 재해석한 홍익인간의 건국 이상을 삽입했던 주역도 그였다. 이승만 시대 교육이 반공을 가르쳤지만, 민주주의도 강조했음을 빼놓을 수 없다. 전체주의 사회 북한과의 체제경쟁을 위해서라도 민주주의를 강조하지 않을 수 없었기 때문이다. 역설이지만 민주주의 교육의 성공은 4·19로 확인된다.

4·19는 2차세계대전 이후 아시아 지역 최초의 민주주의 시민저항으로 기록되는데, 그 자체가 1950년대 교육이 민주주의를 가르치는데 성공했음을 보여준다.(사족이지만 당시 반공교육이 방어적 민주주의의 중요성을 균형감각을 가지고 가르친 것은 아니다. 외려 과잉민주주의의 부작용을 낳았다는 비판도 가능하다. 쿠데타

로 집권했던 박정희가 혁명공약 첫 번째에서 "반공을 국시의 제일의(第一義)로 삼고 지금까지 형식적이고 구호에만 그친 반공태세를 재정비 강화한다"고 했던 것도 그런 추정을 뒷받침한다.)

때문에 실용주의-민주주의-반공주의-민족주의-세계주의 등이 1950년대 교육의 핵심가치 다섯 개다. 역대 교육장관들의 이런 교육이념은 실은 이승만의 교육관을 투영한 것이다. 이승만은 대통령 취임사에서 새 국가건설을 위한 정신혁명을 강조했다.

"민족이 날로 새로운 정신과 새로운 행동으로 구습을 버리고 새 길을 찾아서 날로 분발 전진하여 날로 새로운 백성을 이룸으로써 새로운 국가를 반석 위에 세우자"는 요지였다. 정신혁명은 쉽게 말해 '서구 실용주의+동양 전통윤리'의 결합인데, 개항기 이후의 동도서기(東道西器)와 닮았다. 때론 삼강오륜을 강조하면서도 조선왕조 시절의 전통윤리와는 썩 달랐다. 실용주의 강조 때문인데, 그런 시대정신을 잘 반영하는 게 1952년 인하대 설립 당시 대통령 담화다. 그는 구습타파를 통한 정신혁명과 실용주의를 거듭 강조했다.

"이 인천 하와이에 물질과 성심을 합하여 인하대학을 만들었습니다. 대학의 주지는 미국의 MIT와 같은 미국에서 제일 유명한 공과대학을 의미 한 것입니다. 우리 사람들이 자래(自來)로 문과나 철학 등에 관심을 표하던 의도를 많이 변경해서 이 물질시대에 기계학과 공업발전의 물질세력을 길러 다른 나라와 경쟁하자는 목적입니다. (중략) 이것을 각오하지 못하고 완고수고(頑固守古)하는 습관으로 "우리 조상 때에 지내든 그것이 다 부족하니까 구습대로 살겠다"는 사람은 지금 세상에 살 수 없는 사람입니다. 이것은 (새로운 것 모두) 다 버리고 진흙집에 풀로 이엉을 덮어서 (낮은 집에) 고개를 숙이고 들어가는 것인데, 모두 다 없애야 될 것입니다."(원문은 전체가 한 문장으로 구성됐는데, 가독성을 위해 그걸 나누고 현대식의 글로 일부 보완했음.)

### '배움의 사람' 이승만의 퍼스낼리티

흥미롭게도 이승만은 한학으로 출발했으나 서구식 및 기독교적 실용주의 교육의 필요성을 깊이 인식하고 있었다. 이승만의 교육관이 투영된 것은 물론인데, 실은'배움의 사람' 이승만에게 교육과 정치, 교육과 독립은 하나였다. 그게 건국 이후 현대교육에 어떤 형태로든 영향을 미쳤다는 점도 잊을 수 없다. 그가 한성감옥에 갇혀있었을 때 "나라를 세움에 있어서 교화(계몽)를 근본으로 삼아야 한다"는 제목의 논설을 집필한 바 있고, 1919년 이승만 본인도 참석했던 필라델피아 대한인총대표회의에서도 그랬다.

당시 채택한 '건국을 위한 종지' 제7항은 독립의 앞날이 극히 불투명한 식민지시기의 한복판인데도 그들은 당당하게도 새롭게 건국된 나라의 정부수립을 전제로 하고, 정부 기능으로 국민교육을 강조하고 있다. 원문은 "우리는 국민교육이 정부의 어떠한 업무보다 중요하다고 믿는다"로 되어있다. 실은 그 직전까지 중년의 나이에 이르는 44년의 삶도 이승만에게 교육이란 도무지 뺄 수 없는 요인이었다.

배재학당에 들어가기 전 몸으로 배웠던 한학의 축적을 무시 못 하지만, 20세 이후엔 기독교와 영어 그리고 서양학문을 학습했다. 20대 중후반을 몽땅 바쳐야 했던 한성감옥 5년 7개월 기간에도 그는 배움의 사람에 충실했다. 옥중학교 개설, 옥중 도서실 운영, 번역활동, 영한사전 편집, 『독립정신』 집필 등이 모두 그러하다. 30대 초중반은 미국 유학생활에 바쳤으니 배우고 익히는 일이 일상이었다.

조지 워싱턴-하버드-프린스턴에서 최소 12년이 소요되는 학사-석사-박사학위 과정을 무려 5년 반의 짧은 기간에 마치며 이 나라의 제1호 국제정치학자 그대로 탄생했지만, 그 역시 배움의 길에서 가능했다. 박사학위를 받고 귀국한 직후 고국에서 맡았던 보직이 YMCA 학감이었는데, 기독교와 교육이라는 두 개의 코드를 결합한 것도 우연이 아니다. 그 뿐 아니다. 105인 사건으로 다시 떠난 미국 망명길에서 시작했던 사업이 한인자녀들의 교육을 위한「태평양잡지」라는 순한글 저널의 발간(1913년)이었는데 그 역시 우연만은 아니다.

3·1운동 직후 임정의 최고지도자로 추대되기 직전까지 맡았던 한인중앙학원(이후 한인기독학원으로 독립) 교장직도 마찬가지인데, 당시 그는 당시로서는 혁명적인 제도인 남녀공학을 도입한 걸로 유명하다. 때문에 건국 이후 한국교육의 빅뱅이란 이런 이승만의 학문적 성취와 이력을 두루 반영하는 현상이 분명하다. 하지만 그게 전부일 리는 없다. 교육기적은 최고지도자의 의지이자, 동시에 1950년대의 정치사회적 합의였다는 게 중요하다.

그래서 실로 위력적인 빅뱅으로 나다났는데, 교육기직이 가능했던 힘으로 시대정신을 강조한다고 해서 산타 이승만의 적극적인 역할이 빛 바래는 건 아니다. 당시의 시대정신을 어떻게 확인할 것인가? 그걸 효과적으로 집약한 것이 근본규범으로서 헌법에 담긴 교육관련 조항과, 뒤이어 제정된 교육법이다. 이 두 개의 교육장전이 한국교육에 끼친 영향은 적지 않은데, 지금까지 선언적 규정이라는 이유로 과소평가됐다.

## 교육기적 뒷받침한 제헌헌법과 교육법의 힘

적지 않은 이들은 건국 이후 현대한국 교육이 식민통치 시기의 부정적 유산을 올바르게 청산하지 못했고, 미국교육의 일방적 영향에 노출되면서 교육이 바로서지 못했다는 논리를 펴지만, 왜 그런 논리가 섣부른 단견인지도 헌법과 교육법에서 확인 가능하다. 1950년대 교육기적은 교육 참여에 관한 모든 신분적-인종적-성적-경제적 차별과 차이를 철폐한 1948년 제헌헌법과, 1949년 교육법의 제정이란 법률 인프라 없이는 생각 못한다.

교육 관련 조항은 건국헌법 제16조에 규정되었다. "모든 국민은 균등하게 교육을 받을 권리가 있다. 적어도 초등교육은 의무적이며 무상으로 한다. 모든 교육 기관은 국가의 감독을 받으며 교육제도는 법률로써 정한다." 이는 초기 한국교육의 전체 방향을 설정했기 때문에 중요하다. 일반적으로 근대 초기 헌법에서 교육 관련 조항은 흔치 않았던 것으로 알려졌다. 그러나 독일바이마르헌법과 중화민국헌법은 그걸 규정하고 있고, 우리가 적극적으로 벤치마킹했다.

이 조항을 놓고 헌법 초안을 잡았던 유진오는 교육에 관한 국가의 적극적 역할을 강조하자는 뜻인데, 그런 문제의식은 헌법에 토지개혁을 위한 경제조항(제86조)을 삽입했던 의도와 똑같았다고 밝혔다. 또 하나, 이 교육 조항 16조는 헌법 전문(前文)에서 보다 포괄적이고 선언적으로 표현됐다. 그만큼 이중 삼중의 악센트가 찍혔다. "정치, 경제, 사회, 문화의 모든 영역에서 각인의 기회를 균등히 하고 능력을 최고도로 발휘케 하며 각인의 책임과 의무를 완수케 하여 안으로는 국민생활의 균등한 향상을 기하고…."

이 조문에서 레토릭의 나열만을 보는 건 잘못이다. 시민 개개인의 기회균등과 능력발휘와, 공민으로서 국가사회적 책임과 의무 완수를 서로 동일한 가치로 놓았다는 점이 포인트다. 즉 1950년대는 교육에서 개인적 성취는 물론 어떤 국민을 만들까 하는 건국 이후 국민형성 기능을 함께 주문했던 것이다. 이 대목은 한국교육의 이념과 목적을 규정한 교육법의 제1조에도 거의 그대로 등장한다.

"교육은 홍익인간의 이념 아래 모든 국민으로 하여금 인격을 완성하고 자주적 생활능력과 공민으로서의 자질을 구유하게 하여 민주국가 발전에 봉사하고…"가 그것이다. 1950년대 교육기적이 이런 법률적 장치와 국민적 합의 그리고 최고지도자 이승만의 의지라는 3박자가 들어맞아서 가능했음을 재삼 확인할 수 있는 대목이다. 적지 않은 사람들이 건국헌법이 미국이나 일본의 헌법에 들어있는 자유주의-개인주의-시장경제-대통령제 등을 무원칙하게 도입했다며 못 마땅해 하지만, 그 역시 잘못이다.

유능한 헌법학자가 논문을 쓰듯 한달음에 완성했다는 일부 주장도 택도 없는 소리다. 엄연히 당시 정치사회적 합의의 결과가 맞으며, 실제 바이마르 헌법-중화민국 헌법은 물론 '대한민국 건국강령'(1941년 말 제정된 대한민국 임정의 기본이념) 등을 균형감각 있게 반영하고 있다. 특히 대한민국 건국강령은 총 22개조 중의 교육 관련 조항에서 "완전한 국민을 조성함에 둠"을 명문화해 교육의 목적이 국민형성, 국민 만들기

임을 밝히고 있다.

식민지 시기라는 특수성 속에서 이런 건국의 비전을 그렸지만, 1948년 건국헌법은 외국의 헌법은 물론 이 강령을 면밀히 참조했다. 교육이 국민형성을 위한 영역이라는 거듭되는 강조에서 보듯 명백한 연속성도 발견된다. 이제 결론을 짓다. 2000년대 초입을 사는 지금의 우리는 산타 이승만과, 한국민 전체의 의지가 공동 연출해낸 1950년대 교육 빅뱅의 연장선 속에서 움직인다.

다만 그게 너무도 거대하기 때문인지, 아니면 이승만 시대가 "해방 이후의 자생적 꿈이 외세에 의해 꺾이고 민중의 개혁열망이 거부됐던 시대"라는 고정관념 때문인지 그 시대를 맨눈으로 살피지 못해왔다. 지금도 한국의 교육열을 양반사회의 전통,'배움에 대한 한(恨)'그리고 출세욕구 등 근대 이전의 요소로 설명하는 게 상식으로 통한다. 그게 전부가 아니다. 이승만 정부의 정책실패와 무능, 희생 그리고 전쟁통의 혼란과 생활고에도 그 저변에선 근본적이고 획기적인 변화가 꿈틀거렸다는 게 핵심이다.

교육혁명, 교육기적이야말로 1950년대의 특징이며, 이후 압축성장을 떠받친 요인으로 지목된다. 무엇보다 산타 이승만이 드라이브를 걸었던 교육혁명은 '잠자던 중세인'을 깨워 내 '똑똑한 현대시민'으로 바꿔놓는데 드라마틱하게 성공했다. 문자해독이 가능하고, 자연과학과 실용적 지식에도 열려 있는 근대적 시민이자, 민주주의의 정치과정에 참여하는 민주시민…. 그런 우리의 지금 모습은 모두 이승만의 작품임을 거듭 재확인한다. 그에게 감사하는 이유는 너무도 많다.

| 같이 읽으면 재미 두 배! |

# 교육 산타 이승만

**김용삼**
펜앤드 마이크 대기자
이승만학당 교사

외국인의 눈에 비쳐진 두 가지 시각을 통해 60년 전 한국의 모습을 들여다보자. 브루스 커밍스는 1950년대의 한국을 이렇게 묘사하고 있다.

"1953년, 한반도는 잿더미가 되어 있었다. 남쪽의 부산에서 북쪽의 신의주에 이르기까지, 한국인들은 죽은 자들을 묻고 잃은 것들을 슬퍼하면서, 그들 생애의 남은 것들을 주워 모으느라 여념이 없었다. 수도 서울에서는 콘크리트와 파편이 뒤범벅이 된 길가에, 텅 빈 건물들이 마치 해골처럼 서 있었다. 수도 주변의 미군 병사(兵舍)에는 수많은 거지들이 외국군인들이 내버리는 찌꺼기를 줍고자 모여들었다…. 마을들은 텅 비었으며 거대한 댐들은 더 이상 물을 저장할 수 없게 되었다. 동굴과 터널 속의 두더지 같은 생활에서 기어 나온 사람들은 밝은 햇살 속에서 악몽에 부닥치게 된 것이다."[1]

1950년대 후반 한·미경제협의회의 미국 측 경제조정관으로 근무한 사람이 윌리엄 원이다. 그는 타일러 우드의 후임으로 1956년 한국에 부임했는데, AP통신 기자로 활동하다 뉴딜 정책 하에서 내무성 수자원담당 부차관보를 역임했다. 한국에 오기 전 이란과 브라질 원조 사절단장을 역임한 거물이었다. 그는 유엔 경제사회이사회에 참석, '교육에 배고픈 한국'이라는 제목으로 다음과 같이 연설했다.

"아침 7시를 전후해서 중앙청이 보이는 광화문 네거리에서 보라. 7~8세의 어린이로부터 성년이 된 대학생에 이르기까지 각양각색의 제복을 입고 손가방을 들고 혹은 메고 가는 학생들을 볼 수 있을 것이다. 모두 씩씩하고 명랑하고 혈색이 좋다. 그들에게는 신생 공화국의 앞날을 책임질 막중한 의무가 주어져 있다. 한국의 교육은 이러한 사명을 충분히 완수할

---

1 브루스 커밍스·김자동 역, 『한국전쟁의 기원』 일월서각, p. 11.

수 있다고 본다."[2]

이승만이 한국을 변혁시켰다는 명제에 대해 이의를 달 사람은 별로 없다. 교육도 마찬가지다. 이승만이 청년 시절 감옥에서 쓴 『독립정신』을 보면 교육의 중요성에 구구절절 반복되어 나온다. 이승만은 자신의 생각을 대통령이 되어 옮겼을 뿐이다.

## 국가 예산의 70%를 국방, 교육 분야에 투자

그가 대통령이 되어 한 일들을 보면 흥미로운 통계가 발견된다. 해방이 되었을 때 우리나라의 문맹률이 78%였고, 중등교육 이상 이수자가 2만 6,000여 명에 불과했다는 것이다. 이것은 이승만의 정치고문 로버트 올리버의 글에 나오는 통계인데, 중등교육 이상을 받은 사람이 2만 6,000명이었다면 국가 체제를 유지하는 것이 가능했을까 의문이 들 정도다.

이런 나라가 혁명을 일으켰다. 교육혁명이다. 1948년부터

---

2 송인상, 「재계회고 8」 한국일보사, p. 88.

1960년까지 대통령으로 재임하는 동안 전체 예산을 집행한 통계다. 연간 예산을 집행한 내역을 합치면 이승만 정부 12년 동안 전체 예산 중 50%를 국방비에 썼고, 20%를 교육 분야에 썼다. 이 두 분야를 합치면 70%가 된다.

이승만 12년을 한 마디로 표현하면 나라 지키고, 교육 시켜 문맹 퇴치하고, 학교 세우고, 해외 유학 보내다 끝낸 집권 기간이었다는 표현이 그래서 가능하다. 로버트 올리버는 이승만 정부가 직면했던 갖가지 어려움에도 불구하고 새로운 교육제도와 교육행정체제를 수립하여 모든 국민에게 교육의 기회를 제공했다면서 이렇게 회고했다.

"정부는 1949년에 교육법을 제정하여 초등학교 의무교육을 실시하도록 했다. 교육발전을 신속하고 효과적으로 이룩하기 위하여 미국식의 지방 자율적인 모델보다는 중앙 집중적인 모델을 추구했다. 즉, 문교부(오늘의 교육부)가 교육내용과 교육정책에 상당한 권한을 행사했다. 6·3·3·4제 학제가 채택되었고, 국어를 비롯한 중요과목에 대한 국가 공통교재가 채택되었다. 이러한 노력의 결과로 6·25 전쟁 이전까지 각 급 학교와 학생 수가 크게 늘어났다.

그러나 전쟁은 많은 학교를 불태웠고 교사들도 많이 죽었으며 국민의 사기도 땅에 떨어져 있었다. 그럴수록 이승만 정부는 국민 정신력을 살리는 것이 무엇보다도 중요하다고 보고 어떠한 어려움이 있더라도 교육은 포기하지 않았다. 피난지의 산언덕이나 공터 어디든지 천막을 치고 추위에 떨면서도 교육을 계속했다. 대부분의 학생들은 교과서도 없었고 임시교사도 모자라 교사 한 사람이 수백 명을 한자리에 모아 가르쳤다. 학생들은 영양부족과 감기에 시달리면서도 배움의 열정에 불탔다."[3]

## 거국적인 문맹 퇴치운동

이승만은 전쟁 중 부산 영도에 전시(戰時)연합대학을 설립했다. 대학이래야 천막을 치고 칠판 하나 걸어놓은 것이 전부였다. 6·25 당시 서울대 문리대 재학생이었던 소설가 한말숙의 증언에 의하면 부산 피난 중이던 1951년 2월, 전시연합대학법이 만들어져 남한 전체의 모든 대학생 수백 명이 뒤섞여

3 로버트 올리버, 「한국 근대화, 기적의 과정」 월간조선.

부산 임시수도의 전매청 창고에서 강의를 했다.[4]

이승만은 전시연합대학이 개교하여 국내 대학 재학생들을 다 등록시킨 후 내각에 지시하여 "무슨 일이 있어도 대학생들을 보존해야 한다"며 군에 입대시키지 않았다. 사방에서 "못 배운 핫바지들만 전쟁터에 나가 총알받이가 되란 말이냐" 하는 비난이 쏟아졌지만 이 대통령은 끝까지 물러서지 않고 이렇게 말했다.

"조금만 더 견디면 전쟁이 끝난다. 전쟁이 끝나면 우리는 나라를 새로 건설해야 한다. 전후 복구와 나라를 발전시키려면 고급 교육을 받은 인재가 필요하다. 그 때를 위해 대학 재학생들을 보존시켜야 한다. 아무리 욕을 먹더라도 이것만은 양보할 수 없다."

그의 혜안은 그대로 적중했다. 교육보급율은 경제발전에 직결된다는 것이 입증되어 몇 년 후부터 그 성과가 서서히 나타나기 시작했다.

전쟁이 끝난 후 정부는 의무교육 6개년 계획(1954~59)을

---

4 서울대 교사(校史) 기록에 의하면 1951년 2월 19일 부산 대신동 구덕산 기슭에 국방색 텐트를 치고 서울대 전체의 합동강의가 진행됐다.

수립하고 문맹퇴치 5개년 계획(1954~58)을 추진했다. 그 결과 초등학교 진학률이 60%에서 86%로 높아졌고, 문맹률은 10% 미만 수준으로 떨어졌다. 교육부는 우수 인재를 선진국으로 유학을 보냈으며 100만 권 이상의 도서를 외국으로부터 구입하여 도서관 시설과 장서를 확장했다.

이승만은 예산상의 한계로 인해 공공 투자를 통한 교육시설 확충이 속도를 내지 못하자 사립학교를 대대적으로 허가했다. 이 조치로 뜻 있는 재산가들이 설립한 사립학교가 전국 곳곳에서 설립되면서 전체 사립학교 숫자가 공립학교를 능가하게 된다. 임영신이 중앙대학교를 세우고 건물 등 시설을 짓기 위해 기자재를 외국서 수입할 때 정부는 무관세로 통관시켜 학교시설 확장을 지원했다. 이런 노력으로 이승만 시대에 이미 교육 분야에서 선진국에 육박하는 수준까지 올라갔다.

### 미국 원조자금의 역할

교육과 관련하여 또 한 가지 주목해야 할 점은 미국이 55년부터 59년까지 5년 간 ICA 기술 원조를 통해 제공한 1억

9,800만 달러의 원조자금이다. 이 자금은 국내 기술자들 선진기술 습득을 위해 해외파견이나 연구경비, 그리고 국내에서 활동하는 외국인 기술자나 직원의 인건비와 용역비로 사용됐다. 같은 기간 동안 기술원조 자금을 받아 국내에서 해외연수를 떠난 인원은 총 1,421명이었다.[5]

이 기술원조자금을 가지고 이승만은 서울대와 미네소타대학의 공대·의대·농대 간에 계약을 체결하여 교수 상호 교류하고, 우리 학생들을 미네소타대학으로 유학을 보냈다. 이런 교류사업에 700만 달러가 투입됐다. 그리고 연구와 관련된 많은 기계와 설비들이 미네소타대학을 통해 들여왔다. 오늘날 국내 박사 중에 미네소타대학 출신이 가장 많은 이유는 이승만 시절 체결된 상호 교류협력 계약의 결과다. 중고등학교 교육 프로그램은 피바디사범대학과 연계해서 개선작업을 시작했다.[6]

또 워싱턴대학과 연세대, 고려대 간에 협정을 맺어 경영학과를 신설했다. 해방 후엔 화신의 박흥식, 경방의 김연수 정

---

5 이대근, 앞의 책, p. 332.
6 송인상, 앞의 책, p. 181.

도를 제외하면 경영자다운 경영자가 드물었는데, 연세대와 고려대에 경영학과가 설치됨으로써 수많은 인재들이 국내에서 선진 경영기법을 공부할 수 있게 됐다.[7] 국내의 명문 사학 두 곳에 경영학과가 개설되어 훈련받은 고급 인력들이 배출됨으로써 우리나라 산업사와 기업사에 새로운 장이 열리게 됐다. 또 서울대 행정대학원, 국방부 산하의 국방대학원(현재는 국방대학교로 개칭)도 이 무렵 미국의 기술원조자금으로 설립됐다.

이밖에도 정부는 AID 자금으로 행정부 관리, 기업체 사원, 기술자들을 외국에 파견해 3개월, 6개월, 1년 단위로 연수를 시켰다. 그 하나의 사례가 발전소 운영요원 연수였다. 이승만 시절, 전란 중에 부서진 당인리(10만kW)와 묵호(5만kW), 마산(5만kW)의 화력발전소 복구 작업이 진행됐다. 이 발전소의 운영을 위해 기술원조 자금으로 이공계통의 젊은 엔지니어들을 디트로이트의 에디슨 전기회사에 연수를 보냈다. 이들이 귀국해 국내에 건설된 최신식 발전소를 차질 없이 운영했다.

이승만은 40여 년을 세계 최고 최대의 산업대국인 미국에

7 송인상, 앞의 책. pp. 226~227.

서 망명생활을 하며 고급 교육을 받은 엘리트였다. 그는 선진국 생활을 통해 인재의 중요성, 산업화의 중요성을 절실히 깨달았고, 산업화를 달성하려면 기본이 무엇인지, 어떤 일부터 해야 하는지 본질을 꿰뚫고 있었기에 이러한 교육혁명이 가능했던 것이다.

이승만의 교육 분야 투자는 당대에는 별다른 혜택을 보지 못했지만 국가의 백년대계를 위해 결정적인 역할을 했다는 평가를 받는다. 이승만 전문가 유영익 교수는 "박정희 시대의 고도성장은 이승만 시절에 이미 그 싹이 트기 시작했다"면서 이렇게 말한다.

"이승만은 교육 인프라를 대대적으로 확충해 문맹을 퇴치하고 산업사회에 필요한 인력을 대량 배출하는 토대를 확실하게 다졌다. 1950년대 후반에는 대학 진학률이 영국을 능가하기 시작할 정도로 고급 인재 육성에 전력을 기울인 공로는 그 무엇과도 바꿀 수 없는 가치를 가진다."

## 이승만의 교육 관련 어록(語錄)

"이 정부는 일반 국민 각 개인의 정부입니다. 이 정부는 군주나 양반이나 혹은 다른 권력계급에 속한 것은 아닙니다. 즉 우리 남녀 빈부 유무식을 막론하고 우리 일반 국민에게 속한 것입니다. 모든 국민은 다 같이 우리 헌법 밑에서는 평등한 권리를 가진 것입니다. 모든 정부 관리는 대통령 이하 다 같이 나라의 공복입니다. 그런 까닭으로 보통 교육을 가장 중요히 여기는 바입니다. 사람마다 각각 배우며 자녀를 교육해야만 나라를 다스릴 줄 알고 복리를 보유할 수 있는 것입니다…." 제3회 광복절을 맞아(1951년 8월 15일)

"교육면에서 대한민국은 경이적인 업적을 성취하였으니 4278(서기 1945년)년까지 한국을 지배하였던 일인들은 한국어의 교육을 금지한 까닭에 전 국민의 80%를 차지했던 문맹자의 수효가 6% 내지 8%로 감소하였으며 이것은 세계에서 가장 적은 숫자인 것입니다.

교육 발전에 실례를 몇 가지 들어 본다면 6세에서 11세까지의 아동 중 96%가 취학하고 있으며, 초등학교와 중학교는 사실상 전 아동들이 다닐 수 있도록 어디에나 있고 고등학교는 전 지망자를 수용할 수 있게 되었습니다.

국내 78개 대학은 약 9만 명의 학생을 수용하고 있습니다. 남성과 같이 여성들도 고등교육을 받을 수 있게 되었으며 5,800명의 학생이 적을 둔 이화여자대학교는 세계에서도 가장 큰 여자대학교이며, 재래의 남자대학에서는 정치면의 업적으로는 진정한 민주주의의 발전을 들을 수 있습니다.

이것은 다음의 사실이 자변해 줄 것입니다. 즉 강력한 자유 민주 양대 정당이 출현하여 거의 군소 정당은 흡수되었습니다. 그리고 대통령은 자유당 소속이며 부통령은 민주당 출신이고, 국회의석 비율은 대략 자유당 59%와 민주당 34%로 나눌 수 있습니다.

완전한 언론 자유는 열렬한 정치토론을 자유롭게 하고 있으며 과거 10년 간 평균 투표율은 전 인권자의 89%를 시현하고 있습니다. 모든 성년 남녀들은 선거권과 공직 피임권을 향유하고 있으며 그 구체적인 예로서 3명의 여자 국회의원과 2명의 여자 각료가 있었다는 것을 들을 수 있습니다."

대한민국의 치적(1958년 8월 21일)

# 일곱 번째 선물

•

"드디어 대항해시대"
문명사적 대전환을 이루다

# 대륙문명에서 해양문명으로
## – 이승만, 문명사적 대전환을 이루다

**김용삼**
펜앤드 마이크 대기자
이승만학당 교사

[필자 주] 이 글에서 사용하고 있는 해양문명과 대륙문명은 학문적 정의에 의한 용어라기보다는 하나의 상징성으로 사용한 용어임을 미리 밝혀둡니다. 땅(대륙)은 농사(정주, 정착)를 장려하지만 바다(해양)는 장사(무역, 개방, 이동)를 권장합니다. 대륙이 광물자원, 중앙집권, 자급자족, 집단주의, 전체주의, 군국주의, 국가주의를 상징한다면 바다는 변화, 다양성, 개방, 교류, 인권, 자유, 코스모폴리탄의 원천으로 보기도 합니다. 따라서 이 글에서 대륙문명은 한민족이 오랜 기간 젖어 있던 유교적 세계관과 중국 편향의 사대주의, 폐쇄적이며 쇄국, 세

습왕조적 세계관에 대한 상징으로, 해양문명은 근대적 세계관과 기독교 문명, 그리고 개방과 교류와 통상, 그리고 민주적 세계관의 상징으로 차용한 것입니다.

대한민국은 반도국가다. 반도에서 태어나 그곳에서 태를 묻고 살아야 했던 한민족은 늘 바다를 끼고 살면서도 한 눈으로는 대륙을 바라보아야 하는 중간지대적 속성을 숙명처럼 떠안고 살아왔다. 로마가 발흥한 이탈리아가 그랬고, 유럽에 수많은 도시국가를 창조한 그리스가 그랬다.

이탈리아 중부의 도시국가로 출범한 로마는 유럽의 도시와 도시를 연결하는 로마가도를 건설했고, 해적을 퇴치하고 해상로의 안전을 확보하여 지중해를 자국(自國)의 내해로 만들었다. 육로와 해로를 통해 수많은 민족과 국가들이 상호 교류할 수 있는 길을 연 결과 로마는 인류 역사상 가장 찬란한 문명을 창조하는 데 성공했다.

한민족은 오랜 기간 대륙과 해양을 연결하는 반도국가적 속성을 훌륭하게 소화하며 진취적이고 역동적인 문화를 일구어 왔다. 신라와 백제, 고구려는 일본, 중국은 물론 멀리 이슬람 문명권과 교류한 사실이 역사적 기록과 유물을 통해 남아 있다.

통일신라의 장보고는 한민족 해양화의 상징과도 같은 존재다. 장보고는 군사력과 항해술을 바탕으로 동북아의 제해권을 장악하고 당과 신라, 일본을 잇는 국제무역에 나섰다. 또 저장성(浙江省) 월주요(越州窯)의 도공들을 초빙하여 청자 제조 비법을 배워 강진과 해남 일대에서 국산 청자를 제작하여 일본과 당에 수출했다. 이것이 후에 세계 명품이 된 고려 청자의 출발이다.

장보고는 중국에 진출한 이슬람 상인들과 접촉하여 아랍에서 중국으로 이어진 해상 실크로드를 한반도와 일본까지 연결함으로써 동서양 문물 교류에 결정적 역할을 하게 된다. 그는 해외 거주 신라인들을 기반으로 글로벌 네트워크를 구축하여 적극적인 대외진출과 세계경영을 실현했다. 한민족의 활동공간을 바다로 확대시킨 글로벌 CEO 장보고는 우리 역사보다는 중국과 일본에서 더 큰 비중과 명성을 차지하고 있다.

## 한민족의 해양화 전통

고려의 창업자 왕건은 신흥 해상무역 세력의 대표였다. 덕분에 고려는 초기부터 해상무역이 번성하여 개성과 인접한 예성강 하구의 벽란도가 국제무역항으로 각광을 받았다. 개성상인의 뿌리는 이때부터 만들어지기 시작한다.

해상 국제무역 붐을 타고 벽란도에 아라비아와 유럽 상인들이 대거 진출했고, 그들을 통해 고려의 영문 이름인 '코리아(KOREA)'가 중동과 유럽까지 퍼졌다. 고려인들이 세계 최초로 개발한 금속활자와 고려 인삼이 아라비아 상인들에 의해 유럽으로 보급되었고, 장보고에 의해 도입된 청자 제조 기술은 고려시대에 독창적인 기법이 가미되어 중국에서 천하의 명품 대접을 받게 된다.

개성과 예성강 하류의 벽란도 일대에는 최소 4만 명에서 7만 명에 달하는 외국인들이 모여 살았는데, 대부분이 무슬림 상인들이었다. 이들은 개성에 '예궁'이라는 모스크를 지어 기도를 하고 코란을 낭송했다. 고등학교 국어 교과서에도 소개된 고려 가요 '쌍화점'에 무슬림 상인이 등장한다.

쌍화란 투르크계 만두의 일종인데 쌍화점의 내용은 "쌍화점(만두 가게)에 쌍화(만두)를 사러 갔더니 무슬림 주인아비가 고려 여인의 손목을 잡으면서 은밀하게 유혹하는" 내용이다. '쌍화점'은 중동이나 중앙아시아의 상인들이 이역만리 고려에까지 와서 만두 가게를 열고 살아갈 정도로 우리 민족의 개방성과 대외 지향성을 보여주는 내용증명이다.

조선 초기에도 무슬림 기술자들이 한반도에 진출하여 보석 채취와 광산업에 종사했다. 세종 임금의 즉위식 때 이슬람교 지도자가 참석하여 코란을 낭송한 기록이 『세종실록』에 기록되어 있을 정도로 우리 사회에 이슬람 문화가 광범위하게 전파되어 있었다.

서양이 종교적 근본주의로 인해 중세 암흑기를 헤매고 있을 때 무슬림들은 그리스, 로마의 천문학과 과학기술 문명을 흡수하여 이슬람이 과학기술을 선도했다. 원나라 시절에 구축된 세계 교역망 덕분에 손쉬워진 동서 교류로 이슬람의 과학기술이 중국에 유입되었고, 무슬림 학자들이 대거 중국에 초빙되어 천문대, 의약원 등을 설립했다.

이러한 이슬람 과학기술의 조류가 한반도까지 흘러와 100~200여 년 숙성과정을 거친 후 조선 초기에 꽃을 피우게 된다. 조선에서 서양보다 200년 이상 앞선 측우기, 천문시계인 혼천의 등이 발명된 것은 당시 국왕이었던 세종의 뛰어난 리더십과 함께 고려 시대부터 흘러온 이슬람의 과학, 수학, 천문학이 토착화되었기에 가능했다.

오늘날 우리가 사용하고 있는 음력의 뿌리는 이슬람 회회력(回回曆)이다. 일부 학자들은 한글 창제도 세종의 독창적 작품이라기보다는 원나라 음운학이 지대한 영향을 주었다고 말한다. 원나라는 제국 공용어를 만들기 위해 중국은 물론 중앙아시아 지역의 음운학자를 동원하여 표음문자인 파스파 문자를 제정했다.

원나라가 붕괴한 후 등장한 명나라는 파스파 문자 제정에 협조한 음운학자들을 요동으로 귀양을 보냈다. 한글 창제 과정에서 집현전 학자들이 요동으로 찾아가 파스파 문자에 담겼던 음운학의 핵심을 전수받아 한글 창제에 활용했다. 그 결과 중국과 중앙아시아 음운학의 과학적 엑기스가 한글에 접목되어 한글이 세계에서 가장 과학적인 문자라는 평을 듣게 된다.

## 대륙문명으로 회귀하며 쇠퇴

이러한 반도국가적 속성, 그 중에서도 해양화 전통과 정서는 유교와 성리학이 지배적인 영향력을 행사한 조선조의 출범으로 쇠퇴하기 시작한다. 특히 성리학이 교조화 되는 조선 중기 이후가 되면 해양화와는 담을 쌓고 철저하게 대륙문명으로 회귀하게 된다.

명나라는 3대 황제 영락제(永樂帝) 때 정화(鄭和)의 대함대를 일곱 차례나 아라비아, 아프리카까지 파견하는 등 해양대국의 위용을 보였지만, 영락제 사후(死後) 함대를 해체하고 해상교역을 차단하는 해금(海禁)정책으로 쇄국의 길을 걸었다. 『강대국의 흥망』의 저자 폴 케네디 교수는 "중국의 해금정책이 중국 문명을 중심으로 하는 동양이 쇠락한 가장 큰 이유"라고 진단했다. 중국은 이때부터 제해권을 상실하여 19세기 서구 열강에 유린당하고 말았다.

조선은 개국 초부터 사대교린(事大交隣) 정책에 의해 국제무역을 상당 부분 통제했다. 또 외침(外侵)에 대비한다는 명분으로 공도(空島)정책, 해금(海禁)정책을 펼쳐 바다를 향한 도전과 패기의 기상을 잃었고, 개방과 교류라는 해양문명의 핵심 유전자마저 쇠퇴하게 된다.

그나마 조선 500년 동안 해양문명의 유전인자가 빛을 발한 것은 이순신 제독이다. 이순신 제독의 거북선을 이용한 돌격전법과 원거리 화포를 활용한 함대 운용 전술은 동시대를 풍미했던 육박전투 방식의 해전과는 비교할 수 없을 정도로 선진화되고 독창적인 전략이었다.

쇄국으로 매진한 조선의 양반 지배층은 돈을 천한 것으로 여기고 청빈(清貧)을 고귀한 가치로 칭송했다. 황금 천시는 상공업 천시로 이어져 상공업은 사회의 밑바닥 천민 계층이 담당하는 더러운 직업으로 전락하게 된다. 기술이 뛰어난 장인(匠人)들은 사회적 예우는커녕 더 많은 수탈과 착취의 대상이 되었기에 훌륭한 기술이 후대에 전수되지 못하고 대가 끊기곤 했다.

농업 이외의 산업이라고는 극소수 보부상들의 물물교환 정도였으니 20세기 중반까지 조선은 전국 범위에서 통용되는 변변한 화폐조차 없었고, 보릿고개, 초근목피에 이골이 나고, 쌀밥에 고깃국을 실컷 먹어보는 게 소원일 정도로 국가와 국민 모두 빈곤 상태에 놓였다.

19세기 말 청나라 궁정의 연간 예산이 은화 1억 냥, 일본도 중국과 비슷한 1억 냥 정도였다. 같은 시기 조선은 중국, 일본의 300분의 1에 불과한 30만 냥에 불과했다. 거듭된 해금(海禁)과 쇄국정책, 대륙 일변도의 존명사대(尊明事大) 정신으로 인해 조선은 근대화라는 세계사의 본류에서 밀려나 일본의 식민지로 전락하게 된다.

## 조선 도공들, 일본 근대화의 불 지펴

조선 중기인 인조 4년(1626)과 효종 4년(1653)에 네덜란드 사람들이 우리 역사에 등장한다. 인조 때 표류해 온 벨테브레와 헤이스베르츠, 페르베스트 등 세 명의 네덜란드 사람은 훈련도감에 소속되어 대포 제작과 포술을 지도했다. 효종 때는 하멜 일행 36명이 제주도로 표류해 왔다. 하멜은 조선에서 13년 간 억류생활을 하다가 동료 6명과 함께 나가사키로 탈출하여 본국으로 돌아가 『하멜 표류기』를 출간했다.

조선 역사에서 이들의 등장은 일본-유럽 간의 도자기 교역망과 깊은 연관을 맺고 있다. 이들이 타고 있던 선박은 네덜란드 동인도회사 소속 국제 무역선이었다. 네덜란드 무역선은 유럽과 나가사키를 왕래하며 매년 일본 도자기를 수백만 점 씩 구입 해다가 비싼 값을 받고 유럽에 판매했다. 지금도 유럽의 왕실과 궁전에는 당시 유럽에 수입된 일본의 아리타(有田) 야끼와 사쓰마(薩摩) 야끼가 다수 소장되어 있다.

일본은 200여 년 간 엄청난 양의 도자기를 유럽에 수출하여 막대한 부를 축적했다. 일본 도자기를 싣기 위해 나가사키에 오는 네덜란드 무역선은 총포와 서적을 비롯한 유럽의 선진문물을 가득 실어다 일본에 전해주었다. 이러한 동서양 도자기 무역을 통해 일본은 동양에서 가장 먼저 개화로 나갈 준비를 하게 된다. 말하자면 도자기가 일본의 근대화를 촉발시킨 셈이다.

그런데 눈여겨봐야 할 점은 유럽 귀족사회를 열광시킨 일본 도자기는 임진왜란 시절 조선에서 끌려간 조선 도공(陶工)과 그 후예들의 작품이었다. 이삼평이 빚어낸 아리타(有田) 야끼, 심당길(심수관의 선조)과 그 후손들이 일으킨 사쓰마(薩摩) 야끼는 심오한 미적 감각과 찬연한 색채감으로 유럽의 왕족과 귀족들을 열광시켜 일본을 대표하는 수출 상품으로 등극하게 된다.

조선 도공들은 본국에서는 사농공상(士農工商) 신분구조의 최하층민으로서 모진 박해와 각종 노역에 시달리면 인간 이하의 대접을 받았지만, 일본에 포로로 끌려가 인생 역전을 경험하게 된다. 그들은 일본 사회에서 장인(匠人)으로서 극진한 예우를 받으며 자신들의 재주를 만개할 수 있는 기회를 얻었다.

기록에 의하면 조선에서 끌려간 포로 10만 명 중 단지 9,000명만 고향으로 돌아갔을 뿐이다. 조선 도공들은 포로 교환 때 고국으로 귀환하지 않고 대부분 일본에 정착하여 세계사에 길이 남을 도자기 문화를 꽃피웠다. 뛰어난 기술을 보유한 조선 도공들 덕분에 일본은 국부(國富) 창출은 물론 근대화의 결정적인 전기를 맞게 된다.

같은 시기, 조선의 도공들은 사농공상의 신분구조에 찌들려 양반들의 애완용 도자기를 빚는 수준에서 벗어나지 못했다. 조선은 뛰어난 도공들을 다수 보유하고 있었음에도 불구하고 고착화 된 신분구조 덕분에 국가 발전에 어떤 도움도 주지 못하고 그들의 천재적 재능을 사장(死藏)시킨 것이다.

중국은 1842년 아편전쟁 이전까지, 그리고 그 속방이었던 조선은 1876년 일본과 강화도 조약을 체결하기 이전까지 폐쇄와 운둔, 고립의 대표적 상징국이었다. 당시의 조선은 망해가는 중국을 섬기며 척왜양이(斥倭洋夷), 척화(斥和), 자유의 구속, 왕조사회의 봉건적 반상(班常) 신분제도라는 반문명 상태를 정상 사회로 착각하며 살아가고 있었다.

## 이승만, 대륙문명과 탯줄을 가르다

문화사적 측면에서 볼 때 땅(대륙)은 농사(정주, 정착)를 장려하지만 바다(해양)는 장사(무역, 개방, 이동)를 권장한다. 대륙이 광물자원, 중앙집권, 자급자족, 집단주의, 전체주의, 군국주의, 국가주의를 상징한다면 바다는 변화, 다양성, 개방, 교류, 인권, 자유, 코스모폴리탄의 원천이다.

한국은 지난 70년 동안 세계사에서 유래를 찾아볼 수 없을 정도로 빠른 시간에 급속한 경제성장을 이룩했다. 문맹률은 78%에서 0%로 낮아졌고, 평균수명은 45세에서 82세로 연장됐다. 석유 한 방울 나지 않는 나라에서 자연자원 덕에 성장한 것이 아니고, 다른 나라를 침략하여 식민지를 착취하여 산업화를 이룬 결과도 아니다.

한국은 제2차 세계대전 이후 독립한 신생국가 중 산업화, 민주화에 성공한 나라 중의 하나로 꼽히는 이유는 자유민주주의와 자본주의를 바탕으로 한 시장경제를 채택했기 때문이다. 대한민국이 채택한 자유민주주와 시장경제의 뿌리를 거슬러 올라가면 구한말 이승만이란 존재와 만나게 된다.

이승만이 자유, 민주, 개방, 통상, 인권의 세례를 받은 것은

20세 때인 1895년 4월, 배재학당에서 아펜젤러를 비롯한 서양 선교사들과 만나면서부터다. 당시 이승만은 10여 차례 과거시험에 낙방하고 결혼하여 아들까지 둔 청년 선비였다. 이때까지만 해도 이승만은 성리학적 질서 하에서 입신양명을 꿈꾸던 수구꼴통 청년 선비였다.

배재학당에 첫 등교를 하던 날 이승만은 큰 갓을 쓰고 굽 높은 나막신을 신고 도포자락 휘날리며 학당장(교장) 헨리 아펜젤러를 만났다. 당시 배재학당에는 아펜젤러뿐만 아니라 달젤 벙커, 프랭클린 올링거, 한국 문화 전문가이자 독립운동의 은인 호머 헐버트, 윌리엄 노블, 조지 존스, 윌리엄 스크랜턴, 그리고 엘라 아펜젤러 부인, 베르타 올링거 부인, 매티 노블 부인 등이 학생들을 가르치고 있었다.

이승만은 서양 선교사들과 교우하며 영어를 배웠고, 기독교적 가치관과 한국을 연결하는 일에 앞장선다. 특히 이승만은 서양 선교사들을 통해 기독교와 민주주의, 근대 문화, 자유주의, 계몽주의 사상의 세례를 받았다. 미국에서 고급 교육을 받고 돌아온 서재필과 윤치호를 통해 미국이라는 나라의 가치에 눈을 뜨게 된다.

이승만은 미국을 시장경제가 발전한 나라, 기독교 정신이 살아 있는 나라, 기회균등의 나라로 보았고, 한국을 미국과 닮은 모습으로 개혁하겠다는 목표를 설정한다. 그것은 조선이란 나라의 정신세계를 지배해 왔던 대륙문명과 탯줄을 가르고, 미국으로 상징되는 해양문명으로의 역사적 대전환을 의미하는 것이었다.

## 『독립정신』에 담긴 의미 : 개방, 통상, 민주주의, 기독교

그가 한성감옥에 수감되어 힘들고 고통스런 수감생활을 하는 와중에 서양 선교사들이 넣어주는 책들을 닥치는 대로 읽으면서 자신의 정신세계를 전 지구적으로 확장해 나간다. 이승만은 감옥에서 몰래 집필한 『독립정신』을 통해 다음 세 가지를 강조했다.

첫째, 1890년 이후 질풍노도의 조선을 둘러싼 급변하는 국제정세를 분석해 내면서 애국심을 강조하고, 근대적 국가의식의 중요성을 설파했다.

둘째, 전제군주 시대에 대역죄에 해당할 수 있는 민주주의의 중요성을 강조하고 민주헌법의 도입을 주장했다. 이유는 한 가지였다. 문명부강한 나라는 민주주의를 하고 있는 반면, 가난하고 뒤떨어진 나라는 전제군주국가였기 때문이다. 문명부강을 위해서는 민주주의를 도입해야 한다는 청년 이승만의 확고부동한 사상체계가 형성되었다.

셋째, 서양 문물을 하루 속히 받아들여 나라를 부강하게 만들어야 한다고 주장했다. 근대지식과 과학기술의 중요성을 강조하고, 제조업을 발전시켜야 하며, 다른 나라들과 통상을 하여 나라를 부강하게 만들어야 한다고 주장했다. 그것은 조선의 혼을 지배해 왔던 사농공상(士農工商)의 가치관이 아니라 그 정 반대로 공상(工商) 우선주의적 사고였다. 예를 들면 이런 식이다.

"상업과 무역(통상)을 권장하여 다른 나라로부터 재물과 금은보화를 벌어들이고, 공업과 농업을 진흥시켜 생활이 풍요로워지면서 사람의 가치도 매우 소중하게 여긴다."

"무엇보다 먼저 국제법, 통상조약, 우리나라 역사와 지리에 대해 공부해야 한다. …또한 천문학, 지리학, 물리학, 철학, 화학, 신학, 법학, 의학, 농학, 상학, 경제학, 정치학 등 전문서적에도 관심을 기울여야 한다."

이를 실천하기 위해서는 무엇보다 먼저 대외적으로 나라

를 개방하고, 외교를 잘해야 하며, 선진문물을 신속히 받아들이기 위해 외국어를 공부해야 한다고 강조하고 있다. 이승만은 『독립정신』에서 통상과 교류의 이점을 다음과 같이 설파한다.

"…자기 나라의 풍부한 물자를 그것이 귀한 나라에 가져가 더 비싼 값에 팔게 되었다. 이런 교류에 힘입어 다른 나라의 문화가 전파되었으며, 교육이 널리 보급되고 학문과 기술도 발전하게 되었다. 오늘날 세계에서 부강하고 문명한 나라들은 서로 통상하면서 교류하는 가운데 이렇게 발전된 수준에 이르게 된 것이다. 개명한 시대를 맞아 우리나라도 잘만 한다면 그들처럼 발전할 수 있고, 행복해질 수 있다.… 통상과 교류는 모든 나라에 이익이 되는 것이지 어느 나라에는 이롭고 어느 나라에는 해로운 것이 아니다. 세계 여러 나라가 이웃이 되고 우방이 되는 것이니 어찌 즐겁지 않겠는가."

"외국 사람들이 우리나라에 해를 끼치거나 무엇을 빼앗으러 오는 것이 아니다. 통상하고 교류하여 서로 이롭게 하고자 하는 것이니, 그들을 막을 수도 없고 막을 이유도 없다."

"개명한 나라들은 모든 나라와 모든 백성들 간에 서로 개방하고 교류하는 것이 공통된 이익이라 믿으며, 그것은 자기들의 좋은 점을 세계 모든 나라와 함께 누리고자 한다."

이승만은 『독립정신』의 결론 부분인 「독립정신 실천 6대 강령」에서 개방과 통상을 거듭 강조하고 있는데, 이승만이 주장한 주요 내용은 다음과 같이 정리된다.

1. 우리는 세계에 대해 개방해야 한다.
   1) 우리는 세계와 반드시 교류해야 한다.
   2) 통상은 서로에게 이익이 된다는 것을 깨달아야 한다.
   3) 오늘날 통상은 나라를 부강하게 하는 근본이다.
   4) 외국인들이 우리나라에 오는 것은 우리를 해치려는 것이 아니라, 서로에게 이롭게 하기 위한 것이다.
   5) 외국인들을 원수 같이 여기는 것은 매우 위험한 일이다.

2. 새로운 문물을 자신과 집안과 나라를 보전하는 근본으로 삼아야 한다.
   1) 외국인들이 들어와 우리와 함께 살 때 우리 것을 보전하면서, 또한 우리에게 균등한 이익이 돌아오도록 해야 한다.

2) 새로운 학문에 대해 공부해야 한다.

3) 신학문을 열심히 배워 경제적 이익을 외국인들에게 뺏기지 않도록 해야 한다.

4) 신학문을 열심히 공부하여 그 혜택을 누려야 한다.

3. 외교를 잘해야 한다.

1) 외교가 나라를 유지하는 데 매우 중요하다는 것을 알아야 한다.

2) 다른 나라들과 친밀한 관계를 갖고자 한다면 모든 나라를 공평하게 대해야 한다.

3) 다른 나라들과 친밀한 관계를 발전시키려면 그 나라들과 공통된 특성을 갖도록 노력해야 한다.

4) 진실을 외교의 근본으로 삼아야 한다.

5) 우리나라에 온 외국인들의 잘못은 시시비비를 분명히 가려야 한다.

4. 나라의 주권을 소중히 여겨야 한다.

1) 모두가 외국인들에게 치외법권을 허용한 것을 수치로 알고, 어떤 어려움이 있더라도 이것을 우리 생

전에 회복하고자 한다면 반드시 그렇게 될 것이다.

2) 모든 사람은 무슨 일을 하든지 부지런히 배우고 일해야 한다.

3) 우리나라 사람이든 물건이든 다른 나라 사람들로부터 수치를 당하는 것을 보면 어떤 일이 있더라도 이를 막아내야 한다.

4) 국가를 존중하는 것을 배워야 한다.

5) 어떤 일이 있더라도 외국 국적을 갖지 말아야 한다.

6) 우리는 외채 빌리는 것을 삼가야 한다.

5. 도덕적 의무를 소중히 여겨야 한다.

1) 뜻이 같은 사람에게 감정을 표현할 줄 알아야 한다.

2) 우리는 공적인 의무를 소중히 여겨야 한다.

3) 나라에 충성함에는 용기를 가지고 행동해야 한다.

6. 자유를 소중히 여겨야 한다.

1) 자유를 자기 목숨처럼 여기며 남에게 의지하지 말아야 한다.

2) 다른 사람의 권리를 존중해야 한다.

이승만의 「독립정신 실천 6대 강령」에는 해양화 및 민주주의, 국가독립의 핵심 아젠다라고 말할 수 있는 개방, 통상, 신문물, 신학문 학습, 외교, 국가의 주권 및 국가 존중, 공적인 의무, 국가에 충성, 자유의 권리, 타인의 권리 존중 등이 집약되어 있다. 오늘날 대한민국 해양문명의 물줄기를 거슬러 올라가면 구한말에 저술된 이승만의 『독립정신』이야말로, 해양문명의 핵심 가치관이자 뿌리와 근원에 해당한다는 사실을 알 수 있게 된다.

특히 이승만은 『독립정신』의 총 50개 장 중 미국과 관련하여 「미국 국민들이 누리는 권리」, 「미국 독립의 역사」, 「미국 독립선언문」, 「미국의 남북전쟁」 등 4개 장을 할애하여 자세히 설명하고 있다.

이승만이 미국을 주목한 것은 미국이 기독교 정신에 의해 탄생되었고, 미국의 독립과 건국에서 영향을 받아 발생한 프랑스혁명 정신이 현대 민주주의와 계몽주의가 되어 전 세계로 전파된 것으로 보았기 때문이다. 이승만은 미국의 건국정신이 지구를 한 바퀴 돌아 아시아의 끝자락에 있는 한국에서 대미를 이루기를 바랐다.

이승만은 구한말의 선각자들 중 어느 누구보다 먼저 미국의 가치에 주목했다. 즉 미국의 역사는 모든 나라가 식민제도를 청산하고 자유롭고 우호적인 통상제도 범지구적으로 구축하기 위해 맹렬히 노력해 온 노력의 결집이었다는 점을 꿰뚫어 본 것이다.

이승만이 프린스턴대학에서 받은 박사학위 논문 제목이 「미국의 영향 하의 중립」(Neutrality As Influenced by the United States)이다. 이것은 통상법제사에 관한 것으로, 국제무역이론의 한 부분을 차지할 뿐만 아니라 오늘날 자유무역협정(FTA)이 등장하는 초기 법제사다.

이 논문은 이승만이 한성감옥 수감시절에 쓴『독립정신』가운데 통상 부분을 심화 발전시킨 내용이다. 이것은 이승만이 박사학위 공부를 체계적으로 시작하기 전부터 한국의 독립에 있어 통상의 중요성을 통찰하고 있었다는 뜻이 된다.

이승만은 또 서구문명 뒤에 있는 자유주의의 기원이 기독교였음을 간파하고는 "세계 문명국 사람들이 기독교를 사회의 근본으로 삼고 있으며, 그 결과 일반 백성까지도 높은 도덕적 수준이 이르렀다. 지금 우리나라가 쓰러진 데서 일어나려 하며 썩은 곳에서 싹을 틔우고자 애쓰고 있는데, 기독교를 근본으로 삼지 않고는 온 세계와 접촉할지라도 참된 이익을 얻지 못할 것이고, 세계와 통상을 하여도 참 이익을 얻지 못할 것"이라고 주장했다.

이승만은 "자기 자신보다 다른 사람을 위해 일하는 자가 되어 나라를 한마음으로 받들어 우리나라를 영국과 미국과 동등한 수준에 이를 수 있도록 하려면 기독교를 모든 일의 근원으로 삼아야 한다"고 『독립정신』의 끝부분에 새겨 놓았다.

김학은 교수는 『이승만과 마사리크』라는 탁월한 저서에서 이승만의 사상을 지배하는 키워드가 "통상이 평화를 가져온다"라고 지적했는데, 이러한 사상의 뿌리는 프린스턴대학의 스승인 우드로 윌슨의 14개 조항, 그리고 그 근저에 있는 칸트의 영구평화론과 맞닿아 있음을 증명해 냈다.

여기에 기독교가 접목되어 이승만의 사고방식은 '기독교+통상=평화'라는 등식으로 정리된다. 이승만의 독립을 위한 철학적 바탕에는 기독교 선교와 통상이 강력하게 자리 잡고 있었던 것이다. 때문에 이승만은 프린스턴대학에서 통상을 주제로 한 박사학위 공부와 함께 신학 공부에도 매진하게 된다.

## 미국의 힘을 이용한 문명사적 전환

이승만의 개화 및 독립사상은 대한민국의 대통령에 취임하여 대한민국의 진로를 정하는 과정에서 폭발하게 된다. 이승만의 사고의 바탕을 이루고 있는 기독교, 통상, 미국이라는 키워드는 곧 해양화라는 문명사적 코드와 직결된다. 이러한 사고방식은 이승만이 하와이에 정착하면서 발간한「태평양잡지」로 구현되어 나타난다. 즉 한국은 대륙의 중화 유교문명권에서 이탈하여 해양의 구미 기독교 문명권으로 진입해야 한다는 자신의 사상을 집약하여 잡지명으로 표출한 것이다.

이승만이 개방과 통상, 기독교, 평화라는 키워드와 함께 한국의 독립과정에서 미국을 활용하고자 했던 이유가 있다. 서양 열강들은 약소국가를 식민지로 만들어 배타적 권리를 행사하는 데 반해 미국은 영국으로부터 독립한 이후 모든 나라가 식민제도를 청산하고 자유롭고 우호적으로 통상하는 제도를 범지구적으로 구축하고자 했다.

자유국가의 자유해상통상을 저해하는 요인은 식민지, 그리고 전쟁이었다. 미국은 전 세계를 자유통상망으로 묶어 통상을 통한 평화체제를 구축하고자 했다. 미국이 과거에 독립을 승인한 국가들의 사례를 조사하여 미국의 외교 원리를 추적한 것이 이승만 박사학위 논문인「미국의 영향 하의 중립」의 핵심 내용이다. 김학은 교수는 이승만 박사학위 논문의 핵심단어가 통상과 평화, 통상과 독립이라고 분석했다.

말하자면 국가와 국가가 전장에서 만나 승자의 이익이 패자의 손실이 되는 대신, 시장에서 만나 승자와 패자 없이 상호 이익을 얻을 수 있는 자유통상의 시스템, 이것을 국가적으로 추진하고자 하는 나라가 미국이었다. 이런 외교 전략을 가진 나라가 미국이니, 한국이 일본으로부터 쟁취하기 위해서는 미국의 힘을 이용해야 한다. 즉, 지구상에서 식민지 제도에 반대하고 통상의 중요성에 가치를 두어 식민지 제도를 깨부수려는 강대국은 미국이 유일했다.

이러한 미국의 힘을 빌어 독립을 쟁취한 후 한국도 자유통상의 나라로 만든다는 거대한 문명사적 전환. 이것이 이승만의 정신이었고, 이승만이 추구하고자 했던 대한민국의 토대였다.

## 해방, 그리고 해양화 시대의 개막

1945년 8월 15일 해방이 됐지만, 한반도는 38선을 경계로 북쪽에는 대륙세력의 맹주 소련이, 남쪽에는 해양세력의 맹주 미국이 분할 점령했다. 남한은 3면이 바다로 막히고 북쪽은 38선(후에 휴전선)으로 봉쇄되면서 섬처럼 고립되는 운명을 맞게 된다.

남한은 살 길을 바다에서 찾을 수밖에 없었다. 해방 후 인천과 부산항을 통해 정크무역과 마카오(홍콩)무역이 시작되었다. 미국이 제공하는 구호 원조물자가 바닷길을 통해 들어와 항구에서 하역되었고, 6·25 때는 부산을 통해 수 십 만의 유엔군 전투 병력과 막대한 군수물자가 물밀듯 들어오면서 우리의 해양화는 본격 개막되었다. 그것은 대륙 지향의 유교문화와 태를 가르고 해양문화로 향하는 문명사적 대전환의 시작이었다.

이승만의 문명사적 대전환의 첫 출발점은 김연수, 박흥식, 이병철, 김용완, 구인회, 설경동, 전택보, 최태섭, 이정림, 정주영, 정재호, 김성곤, 이양구, 신덕균, 김지태 같은 기업인과의 만남이었다. 이들 기업인은 거의 대부분이 정크무역, 마카오

(홍콩)무역, 6·25 당시 부산에서 진행된 전시무역을 통해 부를 축적해 갔다.

위기는 기회의 다른 말이다. 포탄은 철통같은 방위선을 뚫지 못해도 상인들의 이재(理財)는 그것을 뚫고 들어가 물자를 교역한다. 물자가 교역되는 곳에서 경제가 싹트고 산업이 개화한다. 전쟁은 기존의 체제와 질서를 허물고 새 질서를 창조하는 기회가 되었다. 졸지에 인민군의 불법 남침으로 산업의 터전을 잃은 기업가들은 부산으로 피난을 와 해외 무역을 통해 물자를 조달하면서 새로운 사업의 기초를 닦기 시작했다.

전쟁 상황이던 당시 우리의 주력 수출품은 고철과 탄피였다. 전장에서 수집된 고철과 탄피 등 파철은 일본이나 홍콩으로 수출되어 귀중한 달러 수입원 역할을 했다. 전시 무역은 황금알을 낳는 거위였다. 훗날 재벌의 반열에 오른 기업가들은 대부분 부산에서 전시 무역을 통해 거부(巨富)를 축적한 사람들이다.

이처럼 바닷길을 통한 무역으로 부의 축적이 이루어지면서 전통적인 도시도 서울, 전주, 충주, 평양 중심사회에서 인천, 군산, 목포, 부산, 원산 중심사회로 축이 이동을 하게 된다.

무역은 개방과 통상, 외국과의 교류, 외교, 민주주의를 촉진시켰고, 한국인들의 활동 공간을 세계로 넓히는 결정적인 계기가 되었다. 이병철이 전시 무역을 통해 번 돈으로 1953년 제일제당 공장을 건설하여 큰 성공을 거두자 많은 기업들이 상업자본의 산업자본화에 뛰어들며 공업화 붐이 일기 시작했다.

이승만의 해양문명으로의 극적인 전환은 6·25 전란 복구 과정에서 제기됐던 「네이산 보고서」의 폐기로 현실화된다. 당시 「네이산 보고서」는 한국은 농업 우선의 전략을 통해 근대화를 추진해야 한다는 내용이 핵심이었다. 이 보고서에 대해 이승만은 적극 반대하면서 "한국은 농업이 아니라 높은 교육수준과 풍부한 노동력을 이용하여 공업화로 산업발전을 이루어야 한다"고 주장했다.

이승만은 한국의 영세한 농업구조, 그리고 1년 1모작이 고작인데다가 연중 강수량이 7~8월에 집중되는 기후조건 하에서 농업 중심의 발전전략으로는 근대화가 불가능하다면서 "공업화로 가야 한다"고 선언했다.

「네이산 보고서」를 사문화(死文化)시킨 이승만은 1953년 4월 4일, 내각에 철강공장 건설에 대한 특별 지시를 내렸다.

관계부처는 철강 산업에 대한 기본 대책을 검토한 끝에 대통령령으로 인천의 대한중공업공사(現 현대제철 인천제철소)를 국영기업으로 출범시키고, 연산 5만 톤 규모의 평로(平爐·구식 용광로)를 건설하여 제강공장과 압연공장 건설에 돌입했다.

이승만은 산업문명의 핵심이 제철산업에 있으며, 철강이 '산업의 쌀'이라는 사실을 미국에서 오랜 망명생활 과정에서 깨달았다. 그러나 당시 우리 정부 예산의 절대다수를 좌우하고 있던 미 원조당국이 "전쟁 중인 한국의 상황에서 제철공장 건설은 시기상조다. 시급한 민생문제부터 해결하라"면서 우리 측 요구를 거절하자 이승만은 "우리 정부가 보유한 자체 보유달러로 철강공장을 지으라"고 내각에 지시했다. 그리하여 당시로서는 거금인 140만 달러를 투자하여 5만 톤 규모의 제강공장, 380만 달러를 투자하여 압연공장 건설사업에 돌입했다.

철강공장 건설과정에서 한국의 엘리트 기술자를 선발하여 국비로 서독에 유학을 보냈다. 박정희 시절 중공업차관보를 역임하고 대한민국의 고유모델 승용차 개발 프로젝트를 성공시킨 김재관이 이승만 정부 때 국비 유학생으로 선발되어 독일 아헨공대에서 제철산업 공부를 하고 왔다. 그의 증언에 의하면 이승만 대통령이 선발된 유학생들을 경무대로 불러 일일이 장학증서를 주면서 "열심히 공부하고 오너라. 우리가 참다운 독립국가가 되려면 제철공장이 있어야 돼. 여러분들이 그걸 해 내야 한다"며 어깨를 어루만져 주었다고 한다.

이때의 철강 유학생들이 현대식 제철산업을 배우고 돌아와 대한중공업 공장을 건설하고 운영하는 주역이 됐고, 박정희 정권 시절 포항제철(포스코) 건설에 대거 참여하여 '포항제철 신화'를 만드는 주인공이 된다. 이런 이유 때문에 산업계 인사들은 "이승만이야말로 우리나라 중공업의 기초를 닦은 인물"이라고 평한다.

우리 정부가 6·25 직후에 외국 차관 한 푼 안 들이고 순수한 국내 자본으로 제강공장을 건설한 것은 2차 대전 종전 후 후진국에서 벌어진 최초의 중공업 프로젝트였다. 이승만은 미국의 강력한 반대를 물리치고 자체 보유달러로 철강공장 건설이라는 결단을 내릴 정도로 공업화에 모든 것을 걸었다.

한국의 공업화는 해외로부터 원료와 기술, 기계, 노하우 등을 도입하여 제품을 제조한 다음 해외에 내다 파는 방식으로 진행됐다. 원료와 기계, 부품들이 바닷길을 통해 들어오고, 국내에서 생산된 완제품이 바닷길을 통해 실려 나갔다.

그것은 해양화의 급팽창이었다.

바닷길을 열기 위해 배를 짓다보니 조선산업이 육성되었고, 배를 운전하고 관리하다보니 해운산업이 발달했다. 육지에선 먹을거리가 부족하여 해외 먼 바다까지 나가 물고기를 잡다보니 원양어업 강국이 되었고, 배들이 안전하게 출입하기 위해 항구를 건설하다보니 항만 강국이 되었다. 이 과정에서 해양화의 가치관이 우리의 의식 속에 깊이 스며들기 시작한다.

해방 직후부터 시작된 해양화는 이승만이 꿈꾸어 왔던 개방과 통상, 기독교, 평화의 나라를 가능케 하는 동력원으로 작용했다. 해방과 더불어 500여 년 바다를 두려워하고 회피했던 우리 민족이 냉전으로 인해 섬처럼 조건 지워진 한계상황에서 바다에 도전함으로써 활동 공간이 전 세계로 확대되기 시작한다. 그것은 구한말 개항과 더불어 몰아닥친 서세동점(西勢東占)의 시기에 쇄국으로 대응하다 국가 멸망에 이른 과거사에 대한 반성인 동시에, 한국인의 야성(野性)을 세계로 내뻗는 기회였다.

우리의 해양화는 단기간 내에 압축적으로, 그리고 남들이 생각지 못한 기상천외한 방식으로 진행되었다. 1952년 1월

18일, 이승만 대통령은 '인접해양의 주권에 대한 대통령 선언'을 통해 평화선을 선포한다. 1952년 1월은 6·25 전쟁이 중공군의 개입으로 중부전선에서 일진일퇴를 거듭하며 국가 존망이 위태롭던 시기였다.

이 엄중한 전시(戰時) 상황에서 이승만 대통령은 바다에 대한 주권선을 선포하여 우리 해역의 광물자원과 수산자원을 보호하고, 독도를 우리 주권 영역에 포함시키는 결정적인 전기를 만들었다. 이승만은 해양자원과 영해(EEZ)가 국토 못지 않게 귀중하다는 사실을 꿰뚫어 본 선각자였다.

## 이승만이 시동을 건 해양화 혁명, 박정희가 완성

세계지도를 보면 대한민국의 국토 면적은 지구상 육지 면적의 0.07%, 인구는 세계 전체 인구의 0.78%로 미미한 편이다. 그러나 우리나라의 국내 총생산(GDP)은 세계 12위 규모다. 이러한 국부(國富)의 원천은 해외 무역이다.

부존자원이 빈약하고 인구는 많은 약점을 우리는 원자재와 기술을 해외에서 도입하여 우수한 노동력을 동원해 완제품을 만든 다음 해외에 수출하는 수출지향의 공업화 전략으로 극복했다. 그것은 곧 총체적인 해양화의 길이었기에 대한민국의 산업화는 해양화로 귀결된다. 이러한 해양화의 단초는『독립정신』을 통해 해외와의 교역, 개방과 통상, 과학기술, 제조업의 중요성을 설파하고, 박사학위 논문을 통해 개방과 통상을 통해 평화를 정착시켜야 한다고 설파한 이승만이 열었다.

해양문명으로의 문명사적 대전환이 이루어지자 해양 분야에서 대한민국의 살 길이 만들어지기 시작했다. 대륙문명과 탯줄을 가르고 이승만이 시동을 건 해양화 혁명은 박정희가 격렬하게 추진하여 그 완성을 향해 질주하게 된다. 박정희 시절, 우리는 조선소도 없는 상황에서 지폐에 인쇄된 거북선을 내세워 선박부터 먼저 수주했고, 조선소 건설과 함께 한쪽에서는 배를 건조하는 기상천외한 방식으로 진행했다.

지상 최대의 공사라고 불리던 사우디아라비아 주베일 항만공사 과정에서는 초대형 해상 구조물을 국내에서 제작한 다음 바지선으로 중동까지 끌고 가서 설치했다. 길이 350m의 30만톤 급 초대형 유조선을 세계에서 최단기간 내에 만들어 세계 최우수 선박에 선정되기도 했다.

우리는 바다를 통해 산업용 원료와 과학기술은 물론 서구의 문화와 문물, 종교와 합리적 가치관을 받아들였다. 이것을 생산으로 연결하기 위해 해안가인 포항(제철), 울산(조선, 자동차, 석유화학) 창원(기계, 전력), 거제(조선), 여수(석유화학), 당진(제철, 자동차) 등에 대규모 임해공업단지를 건설했다.

바다를 통해 수출품을 실어냈고, 바다에서 부(富)를 캐기 위해 조선산업과 해운산업을 조직적으로 육성했다. 그 결과 우리는 불과 60여 년 만에 세계 10위권의 해양력(Sea Power)을 보유한 나라로 발돋움하게 된다. 그것은 한 마디로 '해양화 혁명'이었는데, 대한민국은 이러한 해양화 혁명을 이승만과 박정희의 분업 시스템을 통해 성공시킨 것이다. 이승만이 토대를 닦고, 박정희가 완성함으로써 건국(建國)과 부국(富國)이라는 과업은 두 대통령의 역사적 분업을 통해 현실화하는데 성공한 셈이다.

이때부터 대한민국의 상징어는 은둔의 나라, 고요한 아침의 나라가 아니라 수출과 무역, 임해공단과 VLCC(초대형 유조선), 반도체와 ICT, 간척과 해외건설, 남극 세종과학기지, 한류(韓流), 개방과 성장 같은 가치들이 차지하게 된다.

우리나라는 2011년부터 4년 연속으로 총 무역액 1조 달러

(수출+수입액)의 나라였다. 2015년의 경우 글로벌 경기침체로 인해 총 무역액 1조 달러를 넘어서는 데 실패했지만, 정상적인 상황이었다면 1조 달러를 넘었을 것이다. 우리나라는 현재 GDP 대비 총무역액 규모가 78%에 달하는, 세계 6위의 무역대국이다.

불과 60여 년 만에 우리가 쇄국과 자급자족의 세계에서 개방과 교류, 통상으로의 극적인 전환에 성공한 이유는 우리 민족의 DNA 속에 '해양'이라는 유전인자가 살아 있었다는 점, 대한민국의 체제를 개방과 통상에 두고 자유민주주의와 자본주의 시장경제로 방향 설정을 한 이승만이라는 선각자를 만났다는 점에서 찾아야 한다.

## 대륙문명과 해양문명, 대결의 결과는?

해방 후 강제된 냉전과 분단은 한반도에서 대륙문명과 해양문명의 격렬한 충돌을 야기했다. 해방 3년 후 남과 북에 이념과 체제가 상극인 두 나라가 출범한 이후 대한민국은 민주주의와 자본주의 시장경제, 개방, 무역, 교류의 길로 나가 세계

역사상 가장 짧은 시기에 산업화, 민주화를 이룩했다. 반면에 북한은 조선시대나 다름없는 김 씨 세습왕조의 주민 감시체제 하에서 주체사상을 앞세워 쇄국의 길로 돌진했다. 그 결과 300만 명을 굶겨 죽이고, 적어도 한 세대가 영양실조로 인한 발육부진으로 인종의 열등화, 저열화라는 참극에 직면했다.

이런 면에서 볼 때 1945년 열강들에 의해 강제된 국토 분단은 우리 민족에게는 비극이었지만, 휴전선 이남의 대한민국만이라도 해양문명으로의 전환을 통해 선진화의 길을 열었다는 점에서 축복이었다고 생각한다.

국제무역의 새로운 패러다임인 자유무역협정(FTA) 시대에도 해양의 중요성은 높아질 수밖에 없다. 이유는 해상 물류가 다른 어떤 운송수단보다 쉽고 비용이 훨씬 저렴하기 때문이다. 1톤의 철광석을 육상에서 100㎞ 운반하는 비용과 해상에서 1만 ㎞를 운반하는 비용이 비슷하다. 수송선단의 대형화, 고속화가 빠르게 진행되어 해상 물류 비용은 점점 더 낮아지는 추세다.

아담 스미스는 이미 200여 년 전에 해양무역이 대륙무역보다 비용이 더 싸기 때문에 긴 해안선과 항해 가능한 하천을 많이 보유한 해양국가가 국부 축적에 더 유리하다는 점을 통찰한 바 있다.

한국을 상징하는 한강의 기적, 네 마리의 용, 수출주도형 압축 성장, 세계화(국제화), 민주주의와 인권, 개인의 자유 같은 단어는 해양 문명에 뿌리를 두고 있다. 불과 반세기 전만 해도 지구상에서 가장 늦게 개방과 통상의 길로 들어선 '은둔의 나라'가 이승만의 국가 지도자로의 등장과 함께 개방, 통상의 길로 진로를 확고하게 잡았고, 박정희 시절 국가 체질이 해양 지향으로 혁신되었다.

그러나 아직도 우리 의식 속에는 유교문화를 바탕으로 한 대륙 지향적 사고의 잔영이 질기게 남아 있다. 특히 통일 문제와 관련해서는 더더욱 대륙 지향적 인식이 지배하는 분위기다. 잊을 만하면 들려오는 "철(鐵)의 실크로드"니 "동북아 균형자론"이니 하는 용어라든가, 개혁 개방에 저항하는 반(反)세계화, 반(反)해양화 구호는 대륙 지향적 향수를 표출하는 정치적 수사(修辭)다.

민주화 이후 집권한 김영삼, 김대중, 노무현, 이명박 정권을 비롯하여 현재의 박근혜 정권에 이르기까지 국가 수뇌부 차원에서 일고 있는 반일(反日) 혹은 반미(反美)감정과 친중(親中) 지향적 외교는 동북아의 전략적 균형 차원에서 불안감을 가중시키고 있다.

대한민국의 선각자들은 세계 최강이자 해양세력의 맹주인 미국과 동맹을 맺어 국가안보의 근본을 튼튼히 하고, 일본-미국으로 이어진 해양세력의 글로벌 네트워크를 통해 세계 10위권의 경제력과 산업력을 쌓았다. 우리 역사는 해양 문명에서의 이탈과 대륙 문명으로의 회귀는 결코 바람직한 결과를 가져오지 못했다는 교훈을 전해주고 있다.

일본의 국제정치학자 구라마에 도리미치(倉前盛通) 교수는 말레이반도, 이베리아반도, 베트남반도, 한반도 등 반도 국가들은 대부분 해양세력과 대륙세력의 각축으로 인해 반도의 중간부에서 분단되는 경향이 있다고 지적한다. 구라마에 교수는 분단된 반도의 해양세력이 대륙세력의 압력에 맞서 생존하려면 해양세력의 지원을 얻든지, 아니면 스스로의 힘으로 대륙세력에 강렬한 반격을 가할 군비를 보유하든지 둘 중 하나밖에 길이 없다고 말했다.

국제정치에는 영원한 적도, 영원한 우방도 없다. 단지 영원한 국가 이익이 존재할 뿐이다. 국가 이익의 최고 우선순위는 국가안보의 확립이다. 굳이 구라마에 교수의 이론을 상기하지 않더라도 대한민국의 지속발전과 안보의 확보를 위해 우리가 취해야 할 길은 대륙세력에 강렬한 반격을 가하는 군비 보유보다는 민족적 감정을 자제하고 미국과의 동맹 강화, 일본과의 관계 정상화가 시급하다. 그것은 곧 한·미일 해양 삼각동맹의 강화를 뜻한다.

한국은 이승만 대통령의 전시외교를 통해 해양문명의 맹주 미국과 한·미상호방위조약을 체결하는 데 성공했다. 과거 동양에 가장 폐쇄적이었던 은둔국가에서 '팍스 아메리카나'를 구가하는 미국과 맹방이 됨으로써 서구문명에 완전히 개방되었다. 한국은 이 과정에서 해양 지향의 태평양국가로 탈바꿈했다.

그것은 이승만이 암울했던 한성감옥 시절 집필한 『독립정신』, 미국 유학 시절 박사학위 논문인 『미국의 영향 하의 중립』, 하와이 망명시절 자신이 발간하던 「태평양잡지」에서 구상했던 개방과 통상의 나라 대한민국의 출발이었다. 이승만이 시동을 건 대륙문명에서 해양문명으로의 문명사적 전환은 박정희 시절 그 꽃을 만개하여 오늘의 번영의 토대를 다지게 되었다. 우리는 이승만, 박정희에 의해 토대가 다져진 해양문명을 보다 확대 심화 발전시켜야 할 의무와 책임이 있다.

| 같이 읽으면 재미 두 배! |

# 해양문명권과 동전의 양면 이룬 기독교 입국(立國)

## – 외부세계로 열린 탈(脫)유교가 20세기 한국인을 만들었다

**조우석**

문화평론가

한국사회에서의 좌우 진영 구분의 잣대는 세계 차원의 보편적인 좌파-우파 구도와 사뭇 다르다는 건 상식에 속하는 일이다. '뒤틀린 좌파'가 갖고 있는 퇴행적이고 자폐적인 에토스 때문인데, 그래서 국제사회의 논리와 따로 논다. 일테면 저들은 보편적 좌파의 국제주의와 개방성, 인권과 전혀 무관하게 움직인다. 철지난 민족주의 정서에 갇혀있으며, 때문에 북한인권 같은 인류 보편의 의제를 한사코 거부한다. 그런 행태는 '민족 나르시즘'의 폐쇄성으로 요약된다.

민족 나르시즘은 외부세계에 대한 열등감과 콤플렉스를

숨긴 채 '우리 것은 좋은 것이여'(한국)'세상에 부러움 없어라'(북한)라는 식의 헛된 위로와 자기만족을 반복하는 괴이쩍은 정신구조다. 최악의 경우 수령절대주의에 대한 승복으로도 표현된다. 남북문제도 '우리민족끼리'해결해야 한다고 믿으며 때론 음습한 친북-종북주의를 숨기지 않는다. 놀랍게도 그런 집단정서가 1980년대 말 이래로 한국사회의 대세이며, 이른바 NL(민족해방)정서로 넓고 깊게 뿌리 내렸다.

역사교과서 국정화에 한사코 거부하는 국사학계 인적자원의 90% 이상이 그쪽이라는 건 더 이상 비밀이 아니다. 논리야 갖다 붙이면 되는데, 내재적 발전론이 그 하나다. 그 허구의 논리에 붙들리게 되면 문명변화에 핵심인 외부세계로부터의 창조적 자극을 수용하지 못하는 청맹과니로 변질되며, 정상적인 국제관계를 외세(外勢) 대 자주(自主)의 이분법으로만 바라본다. 자폐적인, 너무도 자폐적인 집단정서가 문제인데, 그것의 역사 문화적 뿌리가 중세 조선왕조라는 것도 분명하다.

그 사회의 핵심 메카니즘이 통상과 개방을 거부하는 완고한 농경사회, 바다를 두려워하는 반(半)대륙문명 지향형이다. 변화와 혁신을 거부한 조선왕조가 끝내 비극적으로 몰락했음에도, 다수의 미술사학자와 국사학자들은 실체가 없던 조선후기 진경시대를 무한 찬양하고, 영-정조 시절의 문화르네상스를 부풀리는데 여념이 없다. 어이없다. 실제론 그게 얼마나 숨 막히는 사회였던가? 창조적이고 역동적인 지성이 등장할 수 없는 구조, 정체(停滯)에 갇힌 사회풍토를 거부했던 게 조선후기 실학파다.

## 실학 – 개화파로 올라가는 대한민국 우파의 족보

그게 소수의 지식인운동 차원에 그쳤다는 게 아쉬운 노릇이지만, 훗날 구한말 문명개화파로 연결되며 그게 지금 한국사회 우파의 뿌리다. 그건 폐쇄주의의 껍질을 깨고 나오려는 창조적 움직임이라서 외부세계에 열려있는 게 특징이다. 그런 창조적 개방주의를 온전히 이어받은 체제가 20세기 대한민국이라는 점도 분명하다. 그런 대한민국의 성공이란 반(半)대륙 농경문명권에서 해양상업문명권으로의 전환을 알린다. 산타 이승만의 선물 시리즈가 이것에 대한 조명으로 마무리되는 건 너무도 자연스럽다. 본문 역시 이점을 충실하게 조명했는데, 다음의 선언적 마무리도 만족스럽다.

"그것은 이승만이 암울했던 한성감옥 시절 집필한 『독립정신』, 미국 유학 시절 박사학위 논문인 「미국의 영향 하의 중립」, 하와이 망명시절 자신이 발간하던 「태평양잡지」에서 구상했던 개방과 통상의 나라 대한민국의 출발이었다. 이승만이 시동을 건 대륙문명에서 해양문명으로의 문명사적 전환은 박정희 시절 그 꽃을 만개하여 오늘의 번영의 토대를 다지게 되었다. 우리는 이승만, 박정희에 의해 토대가 다져진 해양문명을 보다 확대 심화 발전시켜야 할 의무와 책임이 있다."

확실히 대한민국 건국이란 게 정치체제와 이념의 차원을 떠나 '문명의 계절 변화'를 알렸던 위대한 분수령인데, 일부 아쉬움이 없지 않다. 산타 이승만의 마지막 선물답게 좀 더 시야를 넓혔어도 좋았을 텐데, 일테면 이승만의 결정적인 국가개조 비전이었던 기독교 입국론을 언급하는 것이 의미 있지 않았을까? 유교문명권에서 기독교 문명권으로의 대전환이야말로 20세기 한국인의 정신세계에서 가장 주목할 만한 변화이며, 그게 대륙문명에서 해양문명으로의 전환과 연계해 대한민국의 성공을 뒷받침했다.

## 해양문명–기독교문명 대전환은 위대한 축복

이런 대전환을 명백하게 인식했던 인물이 이승만이었다. 이 대목에 대한 언급은 현실종교와 연관돼 종교 편향이니 뭐니 하는 논란의 차원을 떠나 엄연히 역사와 정신사 그리고 문명사 차원에서 진행하는 성찰의 대상이 아닐 수 없다. 더듬어보자. 고대 이래로 한국사는 외부세계에서 들어온 고급종교의 유입을 허용하면서 비로소 거대한 변화가 가능했고, 그게 각각 고대-중세를 창출해낸 문명사적 동력이었다.

즉 한국사에서 고대 왕권국가의 등장을 가능하게 했던 동력이 삼국시대 불교 유입이었고, 새로운 중세 열어젖히기 위해서는 조선왕조가 성리학을 선택했어야 했다. 그렇다면 20세기 근현대사 성공의 문을 열어젖힌 근본적인 힘을 제공한 것은 기독교가 맞다. 이 대변화의 주역이 이승만이다. 상식이지만 이승만의 핵심저술인 『독립정신』은 문명개화를 통한 부국강병의 꿈을 개방과 통상의 방식으로 구현하려 했지만, 기독교 입국(立國)의 꿈이 전제가 됐다.

한 사회의 생활방식을 결정하는 결정적인 요인은 종교인데, 전통 유교는 더 이상 안 된다는 판단이 이 책을 관류한다.

그게 우남이 견지했던 유교망국론이자, 대부분 개화파 세력의 판단이기도 했다. 우남만 그랬던 게 아니라 그건 시대정신이었다. 우남과 달리 성균관 박사 출신이던 단재 신채호의 경우도 "일찌감치 육경(六經)을 불 싸질러야 했다"며 탈 전통, 탈 유교를 외쳤던 게 그 상징이다. 그 맥락에서 혁명아 우남은 기독교 입국론을 외쳤다. 그건 한성감옥에 수감돼 있었을 때 체험했던 개인 차원의 강렬한 기독교 신앙고백이자, 크게 보아 근대 서구문명을 받아들이기 위해 그걸 가능하게 만든 세계관인 기독교를 받아들이는 문명사적 결단이었다.

그런 비전을 보다 구체적으로 선포했던 게 우남의 명저 중의 명저인 『한국교회핍박』(1913년 저술)인데, 한일합방 초기인 100여 년 전에 그는 "기독교를 배척하는 아시아의 모든 국가가 한국의 영향을 받아 기독교를 받아들일 것"이라는 대예언을 했다. 그건 성경에 자유 평등 사상이 포함되어 있으니 그걸로 "한국혁명의 기초이자 장래 이 세상 문 명의 기초를 잡자"는, 실로 담대한 비전의 선포였다.(이승만, 『한국교회핍박』, 청미디어, 1913, pp. 180~181.)

당시 기독교 인구가 전체의 1%가 채 안되던 시절 나온 놀라운 비전인데, 그건 이후 이승만의 발언과 활동에서 보다 구체적으로 뒷받침됐다. 그런 구상을 3·1운동 직후 임정 국무경 자격으로 미 언론과 인터뷰하면서도 밝혔지만, 이후에도 일관되게 움직였었다. 그래서 1948년 대한민국 첫 제헌의회가 열리던 날 의원 198명이 '하나님께 올리는 기도' 부터 올렸다. 당시 임시의장 이승만은 개회 선포 직후 '하나님께 올리는 기도'부터 요청했는데, 그게 의미심장하다.

"대한민국 독립민주국 제1차 회의를 여기서 열게 된 것을 하나님에게 감사해야 할 것입니다. 종교·사상 무엇을 가지고 있든지 누구나 오늘이(오늘의 역사가) 사람의 힘으로만 된 것이라고 자랑할 수 없을 것입니다. 이윤영 의원 나오셔서 하나님에게 기도를 올려주시기 바랍니다."

돌발 제안이었다. 제헌의원 중엔 50명 가까운 개신교인이 있었지만, 불교신자나 유교신자가 압도적이던 상황에서 "국회 공식 본회의에서 웬 기독교식의 기도냐?"라고 따져 묻는 의원은 아무도 없었다. 그리고 지명 받았던 제헌의원 이윤영은 이렇게 기도를 했다. "오랜 시일 이 민족의 고통과 호소를 들으시고 정의의 칼을 빼서 이 기쁜 역사적 날을 오게 하심은 하나님의 섭리인 것으로 저희는 믿나이다. 완전 자주독립이 이 땅에 오게 하여 주시옵소서. 역사의 첫걸음을 걷는 오늘, 환희에 넘치는 민족적 기쁨을 하나님께 감사 올리나이다. 아멘."

## 그날 제헌국회에서 올려진 감사의 기도

그 훨씬 이전 나이 스물일곱 살에 신앙을 가졌던 늦깎이 신자 우남 이승만은 초기부터 전도에 큰 열성이었고, 그게 개신교 초기 역사를 만들어냈음을 잊으면 안 된다. 고위관리 양반층인 이상재-신흥우 등을 신자로 만든 것도 우남이었는데, 그건 개신교 선교(1884년)이래 첫 양반층 전도 사례로 꼽힌다. 이 양반층 신자들이 YMCA(기독교청년회)의 주역이 됐다. 6·25전쟁이 일어나던 그 해 말 군 장병들의 신앙생활을 돕기 위해 군목(軍牧)제도를 도입했던 것도 이승만이었다.

재삼 밝히지만, 한국기독교는 신앙공동체를 넘어 이 나라 이 민족 근현대사의 뼈대다. 조선조의 유교질서를 기독교 문명으로 깨는 위대한 실험에 성공했던 건국 대통령 이승만, "능률과 실질을 숭상하는" 부국 대통령 박정희의 등장도 기독교의 정신혁명 속에서 가능했다. 실제로 이승만이 집권했던 1950년대 10년 동안에 기독교 인구(개신교+가톨릭)는 두 배(85만

명에서 160만 명으로 증가)로 증가했다. 그 흐름이 내내 이어졌다.

박정희가 통치했던 1960년대 10년 동안 기독교인구는 다시 두 배(160만 명이 304만 명으로)가 됐고, 1970년대에도 거의 두 배에 도달했다. 70년대 말 당시 벌써 신자 600만 명에 육박했던 것인데, 교회의 팽창과 한국경제의 폭발적 성장세는 함께 이뤄졌다는 게 포인트다. 물론 교회 팽창은 20세기 다른 나라에 거의 유례없는 데, 이웃 일본과도 대조적이다. 일본의 경우 미국 맥아더 점령군 사령관이 "일본의 기독교화가 나의 신념"이라고 밝히며 전 일본을 대상으로 선교를 펼쳤으나 끝내 실패했다.

성경을 연 1,000만 권으로 늘려 배포하고, 미 전용기로 모셔온 선교사들을 대대적으로 투입했으나 신자는 늘지 않았다. 지금까지 일본의 신자는 1.5% 선에서 딱 멈춰있다. 마무리하자. 본문 필자의 말대로 이승만이 시동을 건 대륙문명에서 해양문명으로의 문명사적 전환, 유교문명권에서 기독교문명권으로의 대전환은 박정희 시절 만개하여 오늘의 번영의 토대를 다지게 되었다. 이승만, 박정희에 의해 열린 해양문명, 기독교 입국의 2000년대 초반 오늘의 현주소를 재점검해볼 이유는 너무도 많다.

시간을 달리는 남자 건국대통령 이승만의 7가지 선물

펴낸날 초판 1쇄 2016년 12월 19일
초판 3쇄 2019년 9월 24일

엮은이 남정욱 · 윤서인
펴낸이 김광숙
펴낸곳 백년동안
출판등록 2014년 3월 25일 제406-2014-000031호



주소 경기도 파주시 광인사길 30
전화 031-941-8988
팩스 070-8884-8988
이메일 on100years@gmail.com



ISBN 979-11-86061-53-4 03300

※ 값은 뒤표지에 있습니다.
※ 잘못 만들어진 책은 구입하신 서점에서 바꾸어 드립니다.

이 도서의 국립중앙도서관 출판시도서목록(CIP)은 서지정보유통지원시스템 홈페이지(http://seoji.nl.go.kr)와 국가자료공동목록시스템(http://www.nl.go.kr/kolisnet)에서 이용하실 수 있습니다.(CIP제어번호: CIP2016030279)